LA FICTION QUI SOIGNE

Collection dirigée par Lidia Breda

Du même auteur
dans la même collection

La Trahison, et autres essais

JAMES HILLMAN

LA FICTION QUI SOIGNE

*Traduit de l'anglais (États-Unis)
par Élise Argaud*

Manuels Payot

Titre original : *Healing Fiction*

© 1983, James Hillman

© 2005, Éditions Payot & Rivages
pour la traduction française
106, boulevard Saint-Germain – 75006 Paris

ISBN : 2-228-90009-5
ISSN : 1281-5888

1. La fiction de l'histoire clinique

Une visite chez Freud

1. Le Freud fictif

En 1934, Giovanni Papini[1] publie une curieuse interview avec Freud. Elle se présente comme une conversation très franche, au cours de laquelle Freud semble confesser en privé la vraie nature de son travail. « Freud » s'exprime ainsi :

> « Tout le monde croit, poursuivit [Freud], que je m'en tiens à la dimension scientifique de mon travail et que mon principal domaine de compétence est de soigner les maladies mentales. Il s'agit là d'une grave erreur qui prévaut depuis des années et que j'ai été incapable de rectifier. Je suis un scientifique par nécessité et non par vocation. Au fond, je suis par nature un artiste... Une preuve irréfutable en est que, dans tous les pays où la psychanalyse a pénétré, elle a été mieux comprise et mise en œuvre par les écrivains et les artistes que par les médecins. En fait, mes livres ressemblent plus à des produits de l'imagination qu'à

des traités de pathologie... Je suis parvenu à accomplir mon destin de façon indirecte et, ce faisant, j'ai atteint mon rêve : rester un homme de lettres sans cesser d'apparaître comme un médecin. En tout grand scientifique sommeille une part d'imaginaire, pourtant nul n'a autant que moi proposé de traduire les inspirations issues des courants de la littérature moderne en théories scientifiques. La psychanalyse fait fusionner, tout en les transformant en jargon scientifique, les trois principales écoles littéraires du XIXe siècle : Heine, Zola et Mallarmé sont réunis en moi sous le patronage de mon vieux maître : Goethe[2]. »

Le Freud de cette interview en dit plus sur le maître qu'il est, et partant sur ce qu'accomplit concrètement la psychothérapie, que tous les longs discours sur la théorie freudienne. La psychanalyse travaille à l'élaboration de récits imaginaires dans le royaume de la *poièsis*, ce terme signifiant simplement « faire », selon moi au sens de faire passer dans les mots par l'imagination. Notre travail relève plus particulièrement de la *rhétorique* de cette *poièsis*, par quoi je renvoie à la puissance de persuasion de l'imagination mise en mots, à l'art de dire et d'entendre, d'écrire et de lire.

En situant la psychologie des profondeurs au sein d'un espace poétique et rhétorique, je tire les conséquences d'une évolution amorcée au cours de mes conférences « Terry[3] » de 1972. J'y proposais une psychologie de l'âme qui est aussi une psychologie de l'imagination, ne prenant pour point de départ ni la physiologie du cerveau, ni la linguistique structurale, ni l'analyse du comportement, mais partant

La fiction de l'histoire clinique

du fonctionnement de l'imagination. C'est-à-dire une psychologie qui postule un fondement poétique à l'esprit. Toute histoire clinique de cet esprit devra être une expression imaginaire de ce fondement poétique, un produit de l'imagination, une fiction poétique dissimulée, comme le dit Papini, sous le langage de la science médicale, à la fois par le conteur de l'histoire et par l'auditeur qui la consigne.

Dans l'avant-propos qui introduit son texte très connu de 1905, « Fragment d'une analyse d'hystérie[4] » (le cas Dora), Freud écrit : « Je sais que, dans cette ville tout au moins, il y a de nombreux médecins qui... voudront lire cette observation non pas comme une contribution à la psychopathologie de la névrose, mais comme un *roman à clef** destiné à leur divertissement ». Il imagine aussi des lecteurs « profanes », « incompétents » lisant ce récit.

Ainsi, le « lecteur » a déjà sa place dans l'imaginaire de l'auteur, c'est-à-dire de Freud. Par la suite, nous retrouverons très souvent chez lui ces adresses au lecteur dans un style victorien typique des romans policiers, servant à rappeler ce qui a été dit quelques pages plus tôt ou à suggérer de garder tel point à l'esprit car il réapparaîtra plus tard, ou encore prenant en compte l'étonnement, le trouble, la perplexité du lecteur – voire même le choc produit par la franchise et l'audace avec lesquelles un sujet est exposé.

---

* Les mots et expressions en italique suivis d'un astérisque sont en français dans le texte *(NdT)*.

La fiction qui soigne

En entourant la publication du cas Dora d'un halo de secret soigneusement voilé, Freud ne fait pas de psychopathologie sexuelle (Krafft-Ebing ne s'était guère préoccupé comme lui du lecteur ou des patients eux-mêmes), n'émet pas de conseils de santé pour femmes au foyer (Tissot avait publié son redoutable avertissement contre la masturbation, citant de nombreux cas), ne fait pas de psychiatrie médico-légale ni de *Krankengeschichte* [observation clinique, étude de cas], avec leurs pages d'illustrations montrant des dames et des messieurs de face, nus et blancs, dont seuls les yeux sont masqués par des rectangles noirs (comme si le fait qu'ils ne puissent pas nous voir nous empêchait aussi de les voir).

De fait, la démarche de Freud s'apparente bien plutôt à la littérature, pour laquelle il utilise (ce qui trahit l'importance affective qu'il lui accorde) un mot étranger, *roman à clef**, lequel désigne « une œuvre présentant des personnes et des événements réels, quoique déguisés par l'auteur ». Or n'est-ce pas là précisément ce que fait Freud, ce qui l'amène à songer au lecteur « profane », parce qu'il s'identifie déjà en esprit au romancier ? Le fait d'imaginer deux types de lecteurs, l'un habilité et médecin, l'autre non habilité et écrivain, renvoie à deux personnages de l'imaginaire propre de Freud.

Pourquoi s'embarrasse-t-il de cette distinction entre les domaines médical et littéraire lorsqu'il essaie d'écrire des comptes rendus de cas psychologiques ? N'est-il pas aux prises avec une forme

La fiction de l'histoire clinique

d'écriture dépourvue de modèle préétabli ? Son esprit oscille entre les deux grandes traditions, les sciences et les lettres, un dilemme inévitable – non pas seulement parce que la couverture médicale est un déguisement cabalistique destiné à masquer sa vocation littéraire, finalement mise à jour ironiquement par Papini, fraternellement par Thomas Mann et officiellement par l'attribution d'un prix Goethe pour la littérature –, plus vraisemblablement, ce dilemme devait surgir parce que Freud était en passe d'inventer un genre, le moyen même par lequel sa vision nouvelle allait être transmise au monde. Pour poursuivre son avancée à l'intérieur du monde médical, sa psychanalyse devait trouver une forme adéquate de « récit » capable de lui conférer l'aspect indubitable, à défaut de la substance, de l'empirisme médical. Freud mélange les deux parce qu'il pratique à la fois la fiction et l'histoire clinique – et toutes deux sont depuis lors inséparables dans l'histoire de notre discipline : nos histoires cliniques sont une manière d'écrire de la fiction.

L'analyse du cas « Dora », le premier compte rendu psychologique majeur (*L'Iliade* de notre discipline), attire notre attention sur sa technique littéraire, qui se présente en même temps comme une technique médicale. Par « technique », j'entends le « style en tant que procédé délibéré, l'art[5] », et j'adhère à l'idée de T. S. Eliot qui montre l'écrivain comme un scientifique de sang-froid plutôt que comme un fou dépenaillé. N'est-ce pas précisément

La fiction qui soigne

cette question littéraire de technique, froide ou désordonnée, qui distancie Freud de Stekel, Reich et Gross et le rapproche plutôt d'Abraham et de Jones ?

La technique renvoie aussi à des valeurs formelles. Observons la forme que donne Freud à l'histoire de Dora, d'abord l'histoire en tant que telle. E. M. Forster[6] dit : « le support d'un roman est une histoire ; une histoire est la narration d'événements inscrits dans un ordre chronologique » ; nous poursuivons notre lecture pour savoir ce qui survient ensuite. Il s'agit là d'une curiosité élémentaire, dit Forster. Freud nous comble sur ce point : il y a du suspens, des indices, de la dissimulation et un cadre propre à éveiller la curiosité : le cabinet de consultation (la première partie de son observation s'intitule « L'état morbide »). Nous sommes alors tenus en haleine par une autre technique narrative, qu'on trouve par exemple chez Joseph Conrad : l'incohérence de l'histoire, qui nécessite que l'auteur (et le lecteur) la reconstitue, ainsi que les deux plans sur lesquels elle est simultanément racontée par le personnage principal (Dora).

Freud recourt à d'autres procédés : la modestie de l'humble narrateur en fond, comparée à l'importance capitale de ce qui est révélé en sa présence et soumis à sa réflexion ; l'approfondissement des découvertes en réponse à l'entraînement des événements ; les limites temporelles posées dès le début (« trois mois seulement ») ; l'attrait lié à la révélation de détails sexuels annoncée dans la préface

La fiction de l'histoire clinique

(« Je revendique tout simplement les droits du gynécologue », avec l'écho pornographique du couple jeune fille-médecin) ; sans oublier les excuses sensées présentées aux membres du corps médical : il n'existe aucun moyen pour d'autres spécialistes de vérifier les résultats, aucun verbatim des séances, mais un compte rendu écrit de mémoire après coup, ainsi que « la mutilation [due à] l'omission de la technique » (c'est-à-dire de ce qu'il a fait pour traiter cette patiente).

Ces excuses sont de taille ! Car voilà que l'auteur, tout en se montrant conscient des exigences de l'empirisme, regrette de ne pouvoir se plier à ce mode d'écriture, qui relève pourtant de son domaine de compétence privilégié depuis ses travaux antérieurs sur les pathologies du cerveau et les expériences sur la cocaïne. Pour que l'histoire clinique d'un patient soit considérée comme une preuve empirique en science, il faudrait qu'elle se prête à quelque forme de vérification extérieure. Aucun compte rendu effectué de mémoire ne pourrait en tenir lieu, à moins de le considérer seulement comme un souvenir anecdotique, et l'ensemble de la technique thérapeutique employée – la principale omission de Freud – devrait en faire partie intégrante. Nous devrions apprendre exactement ce que le médecin a fait, or Freud ne nous le dit que de façon tronquée et obscure.

Lorsqu'il entreprend de mettre en évidence « la structure intime de la névrose » (car telle est son intention avec cette patiente), Freud a le choix de suivre la voie de Vésale ou de Balzac[7], de l'anatomiste ou du moraliste, la première révélant les structures intimes de la morbidité physique, la seconde celles de la morbidité mentale, morale ou psychologique. Il peut aborder son sujet soit de l'extérieur, soit de l'intérieur, ou, comme le dit l'écrivain français Alain[8] :

> « ... chaque être humain est à double face, l'une adaptée à l'histoire, l'autre au roman. Tout ce qui chez un homme est visible [...] tombe dans le domaine de l'histoire. Mais sa partie romanesque ou romantique [*roman* au sens de fiction] comprend "les passions véritables, j'entends les rêveries, les joies, les tristesses, les dialogues avec soi, dont la politesse et la pudeur détournent de parler". L'expression de cette partie de la nature humaine est une des fonctions essentielles du roman ».

Là où Alain parle de politesse et de pudeur, Freud écrit : « La malade garde pour elle une partie... pour des motifs de timidité et de pudeur qu'elle n'a pas encore surmontés[9]. » Les histoires que raconte Freud sont l'étoffe de la fiction, elles expriment la face fictionnelle de la nature humaine, sa dimension romanesque.

Doublement pris dans les dilemmes entre histoire et fiction d'un côté et extérieur et intérieur de l'autre, Freud prestidigitateur sort de son chapeau le compromis, qui devient son style clinique et notre nouveau type d'écrits psychothérapeutiques. Il nous révèle les « passions véritables... les rêveries... les dialogues avec soi... », mais de l'extérieur, en tant

La fiction de l'histoire clinique

que médecin pathologiste des structures morbides, sa vocation première. Loin de pénétrer dans l'intimité de l'histoire du patient comme dans un roman et de compatir avec Dora, nous restons extérieur, mettant les tissus à nu et analysant avec Freud. En tant que lecteur, nous nous identifions au personnage principal, mais non à sa subjectivité, à ses sentiments ou à ses angoisses. Nous nous identifions plutôt à la « structure intime d'une névrose », à l'« idée » que le personnage incarne : le refoulement sexuel et sa dynamique. Car, peu à peu, notre intérêt en vient à se porter non sur le sujet qui nous est révélé mais sur l'objet exposé au regard, nous passons de l'étude du personnage à son analyse et, grâce à lui, à la démonstration des buts tendancieux de l'auteur. (Ainsi, Freud nous en dit moins sur la personne de Dora que sur ses rêves, sur ce qu'elle écrit.) Si nous sommes captivés par l'enchaînement des événements et par les subtilités techniques de l'auteur, Freud quant à lui ne se préoccupe pas tant de l'« histoire » que de l'« intrigue » – mais nous reviendrons sur ce point.

De plus, l'action de l'histoire (la découverte du facteur morbide et le processus menant à la guérison) n'a pas grand-chose à voir avec le personnage de la patiente. L'aspect fortement dramatique de l'action se développe indépendamment de sa personnalité propre : Est-elle courageuse, insignifiante ? Quelle est la nature de sa conscience ? Quelle est sa faille fatale ? Comment est-elle susceptible de réagir dans un moment de crise qui va

La fiction qui soigne

déterminer le cours du récit ? Malgré son intensité apparente, l'action de l'analyse se déroule en dehors de la sphère d'influence du personnage. L'histoire connaîtrait la même progression quelle que soit la personne. On pourrait remplacer à la fois le patient et le médecin par un autre patient et un autre médecin dans une autre ville et pendant une autre décennie – c'est d'ailleurs ce qui se produit, car telle est la psychanalyse en tant que méthode scientifique. Le patient n'est qu'une illustration, et par conséquent le personnage n'a pas la possibilité ou la capacité d'influer sur ses actes. Ce n'est pas le personnage et l'histoire, ou les actes, qui révèlent le processus à l'œuvre, mais l'intrigue résultant du psychodynamisme. Les personnages ne sont que les seconds rôles d'une intrigue universelle et, en tant que tels, restent relativement accessoires.

Freud qualifie le rêve, le moi, le symptôme de compromis, et c'est aussi à la manière d'un compromis qu'il a construit sa propre théorie du rêve comme façon de combiner les théories contradictoires à l'époque dans ce domaine[10]. Du fait que le style clinique de Freud est un compromis, nous ne sommes pas d'accord avec ceux qui voient en lui « un vrai médecin » ayant la chance d'être doué sur le plan littéraire ou avec ceux qui considèrent qu'il s'agit d'« un vrai écrivain » surgi dans le champ médical. La réussite de son style repose sur le masque, ce masque si nécessaire à l'écrivain, comme Thomas Mann s'est évertué à l'expliquer,

La fiction de l'histoire clinique

derrière lequel l'auteur doit se dissimuler afin de pouvoir se révéler lui-même.

Pour rendre compte de ce double mouvement, autant le citer directement. Il s'agit d'un compromis entre une présentation littéraire *inconsciente* (le style du *romancier**) et l'analogie *consciente* avec la médecine du corps (la comparaison du gynécologue). Le matériau tangible est médical, mais l'intention latente, qui a induit une transformation par la suppression de la méthodologie empirique et médicale, relève de l'art poétique. Les histoires cliniques qu'il relate sont de brillants et probants comptes rendus de l'apparition de symptômes, sublimés et transformés en un nouveau genre narratif ; ils ressemblent aux rêves, et tous trois – l'art, l'apparition de symptômes et les rêves – sont, selon la théorie freudienne, des compromis entre deux exigences inconciliables, qui lui fournissent des défenses pour échapper à la conscience de la nature profonde de son activité : l'écriture de textes de fiction.

Deux autres longues histoires cliniques sont essentielles à la constitution du « fondement empirique » de la psychanalyse freudienne : « Analyse d'une phobie chez un petit garçon de cinq ans » (1909) et « Remarques psychanalytiques sur l'autobiographie d'un cas de paranoïa » (1911). De même que le premier, le cas « Dora », ces deux textes ont aussi reçu un titre plus fictionnel : « Le petit Hans » et « Le président Schreber[11] ». Freud délaisse ici les exigences de l'histoire clinique comme anamnèse empirique et évolue librement au sein de son nouveau genre. Il commente et interprète, loin de la véritable scène des opérations thérapeutiques. Freud n'a pas fait l'analyse du petit Hans ou de Daniel Schreber, mais de l'histoire racontée par le père de Hans et de celle que Schreber relate dans ses mémoires.

Nous n'en sommes pas encore au point de l'évolution de Freud où celui-ci n'a plus besoin de fonder ses écrits sur des patients qu'il a eus en consultation – ou même sur sa pratique de médecin tout court. Il a mis en œuvre ce style dans trois œuvres : sur la *Gradiva* de Jensen (1907), sur Léonard de Vinci (1910) et sur le Moïse de Michel-Ange (1914), ce dernier publié anonymement, sous couvert d'un masque. (Les dates révèlent que ces essais ont été écrits parallèlement à ses principales histoires cliniques.) La *Gradiva* consiste en l'analyse de rêves entièrement fictionnels : les rêves racontés dans un roman. Mais les principales incursions de Freud dans le royaume des récits inventés de bout en bout sont *Totem et tabou* et *Moïse et le monothéisme*. Il s'agit de fictions religieuses présentant la science de Freud (à distinguer des fictions scientifiques présentant la religion de Jung, dans ses œuvres sur les soucoupes volantes, la synchronicité et l'alchimie). Pour *Totem et tabou* et *Moïse et le monothéisme*, aucune preuve empirique ne pourra jamais être fournie. Freud abandonne son déguisement d'empiriste et nous apparaît comme un écrivain de fictions pures. Depuis lors, dans le domaine de la psychothérapie, nous sommes tous non pas des médecins empiristes mais des fabricants d'histoires.

2. Théorie et intrigue

Alain[12] donne une autre clé importante pour comprendre la nature de la fiction : « dans le roman [...], c'est [la nature humaine] qui fonde tout [...], tout est voulu, même les passions et les crimes, même le malheur ».

L'intrigue révèle cette volonté humaine, elle montre comment tout se tient et fait sens. Ce n'est que lorsqu'une certaine profondeur dans l'évocation de la nature humaine confère sa cohérence interne au récit que nous sommes en présence d'une fiction, et pour qu'il y ait fiction il faut une intrigue. Forster[13] la définit comme suit :

> « Une intrigue est une succession d'événements [...], mais où l'accent porte sur la causalité. "Le roi mourut, puis mourut la reine" est une histoire. " Le roi mourut, puis la reine mourut de chagrin" est une intrigue. [...] Si [la mort de la reine] intervient dans une histoire, nous disons : "Et alors ?" Si c'est dans une intrigue, nous demandons : "Pourquoi ?" »

Il y a intrigue quand on passe de la question « qu'est-il arrivé ensuite ? » à « pourquoi est-ce arrivé ? ».

Dans le type de fictions qui nous occupe, nos intrigues sont nos théories. Elles expriment la manière dont nous agençons les intentions volontaires de la nature humaine afin de comprendre les raisons qui président à l'enchaînement des événements d'un récit.

Expliquer « pourquoi » est le but principal de Freud dans ses histoires cliniques. Tous ses talents littéraires sont réunis au seul service de l'intrigue. Freud a conçu une intrigue valable pour toutes ses histoires. Bien que l'intrigue en elle-même soit relativement simple, elle entraîne des complications, étonne et fait appel à l'imagination. C'est sa théorie même qui oblige Freud à déployer ses talents. Les détails cachés, les retours en arrière à des réminiscences enfantines et à des souvenirs-écrans sont nécessaires. Il faut que l'intrigue se nourrisse des fortes complications du transfert et de la résistance, des régressions dans le développement d'un personnage et des moments critiques survenant dans la course en avant de l'histoire. Ce foisonnement d'incidents dus à la structure de l'intrigue sollicite notre mémoire et notre intelligence – facultés dont Forster dit qu'elles sont essentielles à l'intrigue. Or celle de Freud s'avère d'une concision absolue : rien n'est perdu. Cette concision en matière d'intrigue s'appelle élégance dans le domaine de la théorie. Chaque récit freudien se développe de la même manière et peut être détaché du tout pour fournir une réponse à la question « pourquoi ». Le nœud du mystère est le refoulement (sous l'une de ses nombreuses formes), qui entraîne passions, crimes et malheurs (apparition de symptômes), puis

La fiction de l'histoire clinique

l'implication de l'auteur (transfert du refoulé), la disparition du refoulement à force de le mettre à nu (psychothérapie), jusqu'au dénouement correspondant à la fin de la thérapie.

Lorsque Jung accuse Freud d'avoir conçu un schéma causal par trop simpliste, il lui reproche son intrigue. L'intrigue de toute existence humaine ne se déploie pas parallèlement à son histoire. Ma vie et son intrigue suivent chacune leur cours. Freud ne peut répondre à la question « pourquoi » qu'en termes de succession temporelle, c'est-à-dire de ce qui s'est initialement produit et de ce qui en a découlé.

Mais la question « pourquoi » appelle d'autres réponses que la causalité matérielle et efficiente : elle demande aussi « dans quel but » (cause finale) et « pourquoi » au sens de quelle idée, mythe ou personne archétypique (cause formelle) est à l'œuvre dans l'histoire. Jung dit qu'il faut tenir compte de l'intentionnalité des personnages et de leur objectif, car ce sont surtout ces deux éléments qui influent sur l'évolution des histoires. Chacun porte en lui sa propre intrigue, écrivant son histoire, à la fois à rebours et vers l'avenir, au fur et à mesure de son individuation. Jung accorde beaucoup plus d'importance au caractère individuel qu'au récit ou à l'intrigue.

Si « l'intrigue émerge de la logique sélective de l'acte littéraire [14] », alors Jung trouve Freud trop sélectif et trop logique, ramenant tout à son propre schéma. Il se peut que tout repose sur la nature humaine, qui elle-même se fonde sur ce qui la dépasse. L'intrigue de Jung (sa théorie des archétypes) est par essence multiple et variée. Le processus d'individuation prend différentes formes, il n'a pas de rythme prédéterminé et peut s'avérer infini. Les patients de Jung mêlent différents fils bariolés mais sans lien entre eux. À la lecture, ces récits sont moins captivants que ceux de Freud, pour la simple raison que leur intrigue obéit à une logique moins sélective et paraît donc moins inéluctable. Ce n'est que lorsque l'intrigue de l'individuation s'offre à la lecture ou se présente sous la forme d'une quête héroïque ou du cheminement d'un pèlerin qu'elle retient l'attention du lecteur. Mais il ne s'agit là que d'un seul mode archétypique d'individuation et d'un seul mode de logique sélective.

Si les écrits d'Adler n'exercent pas la même fascination que ceux de Freud, l'une des raisons en est qu'Adler élimine toute complexité. Monistes comme celles de Freud (une intrigue pour tous), ses intrigues ne permettent pas autant de développements secondaires tels que symbolisation, défenses, dissimulations, déplacements, symptômes engendrés par réaction, messages codés et censure. Les principaux protagonistes de la psychomachie (le moi, le ça, le surmoi) sont supprimés, ce qui réduit notablement l'appel à l'intelligence et à la mémoire du lecteur.

Freud a présenté l'intrigue propre à la nature humaine sous forme de théorie, une théorie qui pos-

La fiction de l'histoire clinique

sède son langage médical, biologique et empirique, celui de la libido. Sa double façon d'écrire exige que les éléments d'intrigue et de mythe à un certain niveau soient théorie et science à un autre niveau. Mais, pour nous qui le lisons, il importe de garder à l'esprit que le malaise fondamental que nous inspire sa théorie repose non sur l'impossibilité de la vérifier, mais sur le fait qu'elle ne nous convainc pas. Nous n'arrivons pas à y adhérer, non parce qu'elle échoue sur le plan empirique en tant qu'hypothèse sur la nature humaine, mais parce que, sur le plan poétique, elle s'avère incapable de fournir une intrigue suffisamment profonde, globale et esthétique pour conférer cohérence et sens dynamiques aux récits éparpillés de nos vies.

L'intrigue unique de Freud prend le nom d'un mythe : le mythe d'Œdipe. Ce faisant, Freud assigne lui aussi un fondement poétique à l'esprit. Il avait compris que le récit entier d'une existence humaine, les personnages que nous sommes et les rêves dans lesquels nous prenons place, sont structurés par la logique sélective d'un profond *mythos* dans la psyché.

La « découverte » par Freud de la tragédie œdipienne situe la psychologie au tout début de la poétique, avec l'usage qu'Aristote fait du *mythos* dans sa *Poétique*. Lorsque nous ouvrons ce livre pour consulter en français les passages sur l'intrigue, nous constatons qu'à chaque occurrence de ce mot, le terme grec dans l'original est *mythos*. Les intrigues sont des mythes. Les réponses élémentaires à la question « pourquoi » dans une histoire se trouvent dans les mythes.

Mais un *mythos* est plus qu'une théorie et plus qu'une intrigue : c'est le récit de l'interaction entre les humains et le divin. Être dans un *mythos*, c'est être inéluctablement lié aux puissances divines et, plus encore, entretenir un rapport de *mimésis* avec elles. Dès que Freud et Jung ont décidé de concevoir la nature humaine en termes de mythe, ils ont cessé de considérer la nature humaine pour se tourner vers la nature des puissances religieuses. Attribuer un fondement poétique à l'esprit suggère que la logique sélective à l'œuvre dans l'intrigue de nos vies est la logique du *mythos*, la mythologie.

3. La fiction empirique

En utilisant le mot « fiction », j'indique que les histoires cliniques sont des fictions selon trois sens du terme :

1) L'histoire clinique comme histoire factuelle, compte rendu ou savoir véritable sur la « succession d'événements par lesquels toute chose passe[15] » est une fiction au sens d'invention, de mensonge. Mais elle n'est mensonge que lorsqu'elle prétend être littéralement vraie. Assez vite, en consignant l'histoire de ses patients, Freud s'est rendu compte qu'il n'écrivait pas un authentique compte rendu d'événements historiques mais notait des événements

La fiction de l'histoire clinique

imaginés comme s'ils avaient réellement eu lieu. Une histoire clinique se compose non pas d'événements historiques mais de faits psychologiques imaginaires, le matériau subjectif qui est le domaine propre de la fiction au sens d'Alain et de Forster précités.

Même de nos jours, grâce à l'utilisation de magnétophones et aux informations divulguées par des familles entières, l'histoire clinique ne peut toujours pas prétendre que le récit qui est fait reflète fidèlement la succession d'événements par lesquels une chose est passée. Cela est censé valoir pour toute histoire, et en particulier dans le cas de l'histoire clinique, pour les raisons suivantes : (a) le matériau raconté par le patient est nécessairement solipsiste, se composant de rêves, de passions, de constructions imaginaires, de souhaits ou de douleurs dont l'auteur ne peut en aucune façon être directement témoin ; (b) le matériau s'avère particulièrement *fictif* (incroyable, peu plausible) puisqu'il relève de ces catégories d'événements surréalistes et bizarres dont la dénomination clinique est hystérie, paranoïa, hallucination, etc. ; (c) la corroboration de l'histoire clinique par un témoignage extérieur (un autre médecin ou un membre de la famille) n'est possible que dans des circonstances restreintes ; (d) tout ce que l'on désigne par le mot « fait historique » est inséparable de la notion de temps mesuré, or, comme l'ont répété Freud et Jung, les réalités psychiques ne se plient pas aux lois du temps.

La fiction qui soigne

2) L'histoire clinique est une fiction au sens de compte rendu inventé des processus internes imaginaires du personnage central d'un récit narratif. L'écrivain n'en est pas le principal protagoniste, c'est-à-dire qu'il ne s'agit pas d'une autobiographie, ni d'une biographie puisque les événements rapportés sont rigoureusement sélectionnés par les exigences de l'intrigue. Le travestissement empirique est essentiel à cette forme de fiction.

Il y aurait beaucoup à dire sur l'empirisme en psychothérapie. Je me contenterai d'examiner un seul aspect du sujet. Selon A. J. Ayer[16], le recours à l'empirisme en philosophie s'explique entre autres par « les affres de l'égocentrisme ». L'empirisme nous sauve du solipsisme et nous permet de sortir de la sphère de notre esprit en indiquant des événements connus de tous et démontrables susceptibles d'apporter une confirmation. L'empirisme ne constitue pas seulement un rempart contre le platonisme (idées innées, universaux, idéalisme déductif) mais, sur le plan psychologique, il incarne le pouvoir de l'imagination grâce auquel nous nous sentons à l'abri du solipsisme, de l'isolement et du potentiel paranoïde qui en sont le pendant. Ainsi, puisque le matériau psychologique est essentiellement subjectif et que la situation thérapeutique renforce en la reflétant ou en la dédoublant cette subjectivité isolée (le vase clos), l'appel à *l'empirisme de la thérapie découle directement du solipsisme de la thérapie*. Le travestissement empirique dans les histoires cliniques est un rempart inévitable

La fiction de l'histoire clinique

contre la puissance solipsiste des fictions dans lesquelles la thérapie est prise.

3) L'histoire clinique, en tant que présentation de déclarations littérales transposées dans un domaine où elles ne peuvent être réfutées ou vérifiées, est une fiction au sens philosophique du terme, c'est-à-dire un énoncé qui se postule nécessairement comme au-delà des critères du vrai ou du faux, les fictions « comme si » de Vaihinger[17]. Ici, les fictions sont des constructions mentales ou imaginaires grâce auxquelles nous façonnons ou « fictionnons » (*fingere*) une personne pour la faire coïncider avec une histoire clinique.

Nous reviendrons sur ces trois types de fictions et sur leur pertinence en psychothérapie. Mais il nous faut tout d'abord bien mesurer la dimension pleinement concrète de ce nouveau type de fictions, inventé et développé au cours du XXᵉ siècle, consignées par des milliers de copistes dans les hôpitaux, les cabinets de consultation et les centres sociaux, rarement publiées et le plus souvent conservées dans les archives des asiles et les greniers des psychanalystes. La nuit, comme Freud dans sa *Schreibstube*, le psychanalyste solitaire consigne, dicte, tape à la machine ces comptes rendus, captivé par les histoires de ses patients et leur imaginaire thérapeutique commun. Indépendamment de celui qui les écrit et de l'endroit où il le fait, qu'elles suivent une intrigue freudienne ou un canevas tiré de différents mythes, toutes ces histoires présentent un unique leitmotiv : *le personnage principal entreprend une thérapie*. La thérapie peut apparaître comme le *dénouement** (l'anamnèse classique se clôturant sur la phrase : « Voilà pourquoi je suis venue vous voir, Docteur »). Ou bien elle peut constituer le début de l'histoire, comme dans les études de Freud qui s'ouvrent sur l'arrivée du patient au cabinet de consultation, par exemple dans le cas de l'Homme aux rats de 1909. C'est pour cette raison que je nomme le genre qui nous occupe « fictions thérapeutiques ».

De même qu'un roman policier exige la découverte de l'assassin, une tragédie héroïque la mort de l'acteur principal et la comédie une résolution heureuse des conflits, de même la fiction thérapeutique est l'histoire de quelqu'un qui entreprend une thérapie, et le plus souvent l'histoire de la thérapie plus que celle de la personne. La thérapie correspond soit au contenu tout entier, soit à l'histoire qui conduit à la thérapie. *Le Complexe de Portnoy* de Philip Roth se rattache au genre de la fiction thérapeutique, mais s'en éloigne essentiellement dans la mesure où Roth ne recourt pas au travestissement empirique.

En règle générale, la thérapie forme la trame reliant entre eux les différents incidents, comme dans le cas Dora. De plus, toujours en règle générale, la thérapie fournit un moyen de sélectionner les incidents, tout comme un roman politique choisira les événements pertinents de son point de vue. Enfin, le terme de l'histoire permet en général de sortir de la thérapie pour accéder à la guérison et

La fiction de l'histoire clinique

au monde (ou bien, dans le cas d'un dénouement anti-thérapeutique, conduit à un « échec »). Freud clôt l'histoire de Dora sur ces mots : « Des années se sont écoulées depuis cette visite. La jeune fille s'est mariée... et [a été] reconquise par la vie. » Du fait que les récits appartenant à ce genre sont écrits en mettant l'accent sur l'aspect thérapeutique, ils peuvent être abordés de la même manière par un nouveau genre de lecteurs, capables, en fait, de lire même Shakespeare, Faulkner ou leur propre biographie comme des fragments d'une fiction thérapeutique. Nous avons vu ce processus à l'œuvre chez Freud. Mais quelles en sont les conséquences ?

4. Les histoires en thérapie

La « classe thérapeutique » chic qui vient à des consultations au cabinet a déjà façonné ses histoires selon le genre thérapeutique, c'est-à-dire que le récit est une réflexion sur soi qui se concentre sur les « problèmes » du personnage principal. Avec la « population hospitalière », il faut souvent que celui qui écoute aide à la mise en forme du récit : les personnages principaux sont trop nombreux (projections), les incidents ne sont pas sélectionnés selon l'exigence de concision d'une intrigue thérapeutique et l'enchaînement chronologique, fondamental dans l'économie du récit, peut faire complètement défaut. Celui qui écoute a beau modeler le récit selon le genre thérapeutique, l'état de celui qui parle – ce qui fait de lui un patient en milieu hospitalier – détermine largement la forme du récit, et en particulier son style.

Les patients utilisent leurs histoires de différentes manières. Certains racontent des histoires pour tuer, ou passer, le temps, d'autres se comportent en journalistes, d'autres encore en procureurs construisant leur plaidoirie. Il arrive qu'un récit devienne complètement métaphorique et que chaque aspect d'une scène banale entrevue la veille – le vaste chantier de construction, le contremaître avec son casque dans la cabine de contrôle, la petite fille au milieu d'une flaque aux reflets argentée menacée par un bulldozer, le passant qui intervient – tout évoque également des entités au sein de la psyché du patient et les interactions entre elles.

Un praticien est censé observer la façon dont l'histoire est racontée. D'anciens manuels de psychiatrie, comme celui d'Eugen Bleuler, mentionnent le style comme aide au diagnostic. Le psychiatre y est encouragé à relever les manifestations exubérantes, les propos décousus, les allitérations, les jeux de mots et les associations lexicales étranges, l'hyperbole, les archaïsmes, les particularismes – autant de termes susceptibles de figurer dans un précis de stylistique. Un diagnostic repose en partie sur le style employé par la personne qui raconte son histoire.

Un diagnostic psychologique est aussi un « récit sur le patient ». C'est une caricature, un portrait

La fiction de l'histoire clinique

rapide et partiel de personnage – Szasz et Goffman parleraient peut-être d'« assassinat du personnage » – formulé dans le langage d'un spécialiste et destiné à être lu par d'autres spécialistes. (Il ne s'adresse en aucun cas au patient.) Un diagnostic psychologique ne dit pas ce que le patient a ou ce qu'il est, mais expose son tableau clinique ou *Zustandsbild*. Il parle de la présentation de soi faite à l'écrivain-médecin.

C'est l'écrivain-médecin qui transforme un récit en diagnostic, en « histoire anormale ». Par « anormale », j'entends deux choses. Il s'agit d'abord d'une histoire écrite en cherchant ses aspects pathologiques, déviants et bizarres – comme le fait un roman gothique ou un conte de Poe, présentés avec le naturalisme de Zola. Pourtant, à la différence d'un roman gothique, d'un conte de Poe ou de Zola – et c'est là la seconde acception du mot « anormal » –, cette histoire se conçoit elle-même littéralement, pense relever de l'histoire factuelle et ainsi dévie par rapport aux normes d'une histoire. Les diagnostics sont totalement littéraux dans leur historicisme, et il leur est absolument nécessaire de raconter ainsi, afin d'adapter le personnage dont ils traitent au style précis de fiction que l'écrivain est habilité à créer. Les diagnostics sont des actes d'écriture hautement créateurs. La force de leurs histoires littérales est immense (comme celle de tous les écrits littéraux où la faculté d'imaginer se fait passer pour le fidèle reflet des « faits réels »).

Quoi qu'il en soit, la littéralité est l'instrument principal de l'esprit médical.

Il convient de ne pas sous-estimer la puissance des récits-diagnostics. Une fois que notre vie est consignée en une certaine vision médicale imaginaire, avec ses prévisions, ses particularités, ses traits de caractère et le riche vocabulaire qu'elle offre pour s'identifier soi-même, nous commençons à récapituler notre vie à travers elle. Notre passé est lui aussi raconté de nouveau et trouve une nouvelle cohérence interne, et même un sens de l'inéluctable, au moyen de cette histoire anormale. Un diagnostic est bel et bien une *gnosis*, c'est-à-dire un mode de connaissance de soi qui crée un cosmos à son image.

Dans chaque cas, comme nous l'avons dit, l'histoire débouche sur la thérapie. Ce qui signifie également que moi, le thérapeute-écrivain, je fais désormais partie du récit et que, en réalité, je suis devenu une figure clé dans une histoire dont le commencement, le développement, l'intrigue et le style n'ont eu, jusqu'à cette rencontre, aucun rapport avec moi. Je ne connais ni probablement ne connaîtrai aucun des autres personnages, je n'ai jamais participé à aucune autre scène et je ne saurai jamais ce qui doit survenir par la suite, ce que les services médicaux appellent le « suivi ».

Cependant, il n'existait aucune histoire relevant du genre thérapeutique avant que « je » n'intervienne, si bien qu'à partir du moment où une personne franchit le seuil du cabinet et s'engage dans

La fiction de l'histoire clinique

une thérapie, une histoire inédite commence – ou plutôt, l'histoire antérieure s'infléchit dans un sens totalement nouveau au fur et à mesure que l'histoire originelle est réenvisagée selon le genre thérapeutique. C'est le début de la complication appelée résistance, cette tentative par le patient d'oublier, de déformer, de dissimuler, afin de préserver la première version. C'est aussi le début de l'autre complication appelée contre-transfert, l'intrusion du thérapeute-écrivain dans l'histoire.

Deux auteurs collaborent désormais à une fiction commune de thérapie, bien que, par convention, elle soit écrite seulement par l'un des deux. Tous deux deviennent des objets internes de l'histoire et sont tellement happés par elle que leur collaboration peut se transformer en une *folie à deux** qui révèle le pouvoir de l'intrigue prenant le pas sur la volonté des personnages.

Une collègue m'a un jour raconté comment un nouveau patient était brusquement parti lorsqu'elle avait remis en cause le mode thématique de son récit. Le patient se présentait lui-même comme une personne malade, ayant plus ou moins passé quinze des trente-six années de sa vie en thérapie, mais pour qui rien n'avait vraiment changé (alcool, homosexualité, dépressions, problèmes d'argent), et qui avait essayé plusieurs types de thérapie. Ma collègue lui répondit : « Pour moi, vous êtes un nouveau patient, et je n'admets pas que vous soyez aussi malade que vous le croyez. Commençons à partir d'aujourd'hui. » En refusant son tissu d'interprétations, elle l'avait aussi coupé de la fiction sur laquelle il prenait appui. Il ne revint pas. Pour lui, son histoire avait toujours un sens : membre incurable, quoique s'acquittant régulièrement de ses cotisations, de l'univers thérapeutique. Il voulait que l'analyse et l'analyste s'adaptent à son histoire.

Voici un second exemple, cette fois-ci tiré de mon expérience de praticien : la personne évoquait des moments psychotiques, des phases d'hospitalisation avec mauvais traitements médicaux, des épisodes de séduction, de violations de droits, de traitements de choc et de « médicaments efficaces ». Je pris cette histoire comme le passé qu'une autre femme aurait pu raconter : coup de foudre au lycée, mariage avec le voisin, vie avec un mari affectueux, des enfants et un épagneul, une histoire de réussite. En d'autres termes, les deux versions sont des comptes rendus cohérents exposant un motif thématique qui structure l'expérience des événements. Il se peut que ces deux femmes, l'une sortant de ses draps de percale, l'autre dans sa veste droite en toile – pour donner à cette vision imaginaire un tour figuré – commencent une thérapie, désespérées, tenant exactement le même discours : « Cela n'a aucun sens, j'ai gâché les meilleures années de ma vie, je ne sais pas où j'en suis ni qui je suis. » La sensation d'absurdité découle d'une rupture dans le motif thématique : celui-ci ne parvient plus à assurer la cohésion de l'ensemble ni à lui donner sens, il n'informe plus les expériences.

La fiction de l'histoire clinique

Le patient cherche une nouvelle histoire ou bien une façon de se reconnecter à l'ancienne.

Je voyais dans son récit la fiction lui servant de point d'appui, mais j'étais d'avis qu'elle n'avait pas su déchiffrer son potentiel hermétique, son sens caché. Elle l'avait prise littéralement, telle qu'elle lui avait été racontée en langage médical, une histoire de maladie, de mauvais traitements, de gâchis des meilleures années. C'est l'histoire qui avait besoin d'être soignée, non la personne : il fallait la réimaginer. Alors, j'ai transposé ses années gâchées au sein d'une autre fiction : elle connaissait la psyché parce qu'elle avait été immergée dans ses profondeurs. L'hôpital avait joué le rôle de pensionnat pour jeunes filles, de rite d'initiation, de confirmation religieuse, de viol et d'apprentissage des réalités psychologiques. À la fois certificat de survie et diplôme, telle était l'endurance qui avait permis à son âme de surmonter ces horreurs psychologiques, et aussi d'y prendre plaisir par masochisme. Elle était la victime non pas de son parcours historique mais du récit dans lequel elle l'avait fait entrer.

Vous aurez remarqué que ma collègue a contesté une histoire de maladie tandis que j'en ai confirmé une, mais que nous avons tous deux combattu la fiction qui nous était présentée, amorçant par là le combat des histoires, qui constitue un aspect essentiel du face à face thérapeutique et des colloques autour de cas cliniques. Nous avons déjà constaté cela avec Freud face à Dora. Il s'est emparé de son histoire et lui a donné une nouvelle intrigue, une intrigue freudienne : pour une part, cette intrigue doit lui faire du bien, c'est la meilleure intrigue possible parce qu'elle guérit, ce qui est le meilleur dénouement du genre thérapeutique.

L'échange qui a lieu en psychanalyse des profondeurs n'est pas seulement l'analyse de l'histoire d'une personne par l'autre, avec tout ce qui accompagne une séance de thérapie (rituel, suggestion, éros, rapport de pouvoir, projection), c'est aussi une compétition entre chanteurs qui font resurgir en actes l'un des plus anciens types de divertissement culturel que nous êtres humains connaissions. C'est en partie pour cette raison que la thérapie se prétend créatrice, et j'emploie le terme sciemment, pour désigner ce qui engendre des schèmes imaginaires signifiants, *poièsis*. La réussite d'une thérapie dépend ainsi de la capacité à faire collaborer les fictions et à réenvisager l'histoire au travers d'une intrigue plus intelligente, plus nourrie par l'imagination, ce qui implique aussi qu'un sens du *mythos* en informe toutes les parties.

Malheureusement, nous thérapeutes ne sommes pas assez conscients de notre statut de chanteurs, manquant par là une bonne part de ce que nous pourrions accomplir. Nous ne connaissons que quatre types de récit narratif : l'épopée, la comédie, le roman policier et le réalisme social. Nous prenons le matériau qui nous est livré, négligeant son contenu passionné et érotique, tragique et noble, insolite et arbitraire, et le faisons correspondre à

La fiction de l'histoire clinique

l'un de nos quatre modes. Premièrement, il y a les patients chez lesquels le développement du moi est visible, en particulier la sortie de l'enfance au travers d'obstacles et de défaites : c'est une épopée héroïque. Deuxièmement, les histoires de situations confuses, d'identités floues et de sexe incertain, les impossibles défauts et maladresses de l'idiote victime, qui trouve en s'adaptant au monde une fin heureuse : la comédie. Troisièmement, le dévoilement d'intrigues cachées grâce à des indices et à des crises, la quête inlassable de ce qui s'est passé menée par un détective taciturne au regard malicieux tirant des bouffées de sa pipe, assez semblable à Holmes ou à Poirot. Quatrièmement, les descriptions détaillées et réalistes de petits incidents, la famille et le milieu social comme sources de malheur, le tout présenté à travers une lugubre terminologie sociologique et de lourds panoramiques tendancieux : le réalisme social.

La psychologie ferait mieux de recourir directement à la littérature plutôt que de l'utiliser sans le savoir. La littérature s'est montrée bien disposée envers nous, reprenant ouvertement beaucoup de données psychanalytiques. Ceux qui font de la littérature voient la psychologie présente dans la fiction. À notre tour, voyons ce qui est fiction en psychologie[18].

Considérons par exemple le genre picaresque. Son personnage central ne progresse pas (et ne régresse pas non plus), il évolue par épisodes, de façon discontinue. Son récit s'interrompt brutalement sans aucun exploit, car il n'a pas de but et que le dénouement ne peut donc correspondre ni à la résolution des problèmes dans la comédie, ni à la faille fatale de la tragédie. Au lieu de faire appel à des grilles aussi vastes et déterminées, l'échec ou la réussite se mesurent selon la saveur des expériences quotidiennes. (La nourriture, les vêtements, l'argent et les aventures sexuelles font l'objet d'une attention toute particulière.) On trouve des histoires emboîtées qui ne servent aucune intrigue, montrant que l'histoire psychique se poursuit en plusieurs lieux à la fois – pendant ce temps-là, à la ferme, dans une autre partie de la forêt – et en plusieurs personnages à la fois. Les autres protagonistes de l'histoire sont aussi importants que le personnage principal, de même que les êtres qui peuplent nos rêves et notre imaginaire en disent souvent plus sur notre destin que le moi. Les relations ne durent pas, et l'accent porte surtout sur les *personae*, sur les atours et les masques de la vie à tous les niveaux, et surtout sur le monde obscur des maquereaux, des voleurs, des bâtards, des charlatans et des dignitaires pontifiants. Ces personnages, en chacun de nous, sont le reflet du royaume picaresque, des manières de ne pas se laisser tromper par les positions établies, sans implication morale pour autant. Même si le personnage picaresque connaît l'échec, le découragement et la trahison, la souffrance ne l'amène pas à la lumière.

La fiction de l'histoire clinique

Du point de vue de la tragédie, une telle façon de construire l'histoire clinique relève du gâchis, tant l'âme réclame davantage sur le plan métaphysique. Du point de vue de la comédie, il faudrait une résolution des problèmes, une sorte d'acceptation lucide et d'adaptation à la société auxquelles le héros picaresque est toujours hostile. Du point de vue héroïque, le mode picaresque est une parodie psychopathe de l'épopée de l'individuation – l'individuation pouvant alors apparaître comme une organisation paranoïde du picaresque. La même histoire racontée sous l'angle du réalisme social tournerait au pamphlet politique, d'où le fait que l'anarchisme et le picaresque prospèrent de préférence en terre espagnole.

Me voilà arrivé au terme de ma démonstration : les histoires cliniques s'expriment à travers différents modes fictionnels et peuvent être écrites dans une variété de genres fictionnels. L'efficacité de la thérapie sera peut-être maximale lorsqu'une personne parvient à situer son existence au sein de cette variété, comme au sein d'un panthéon polythéiste, plutôt que d'avoir à choisir un genre à l'exclusion des autres. Car, même si une partie de moi sait que l'âme va vers la mort dans la tragédie, une autre traverse un univers imaginaire picaresque et une troisième est occupée par la comédie héroïque du perfectionnement.

5. Genre et archétype

Un ami jungien, Wolfgang Giegerich, exposant le schème archétypique à l'œuvre dans les écrits d'Erich Neumann, fait la remarque suivante :

> « Quelque chose (un certain "facteur") nous éloigne à l'évidence d'une perspective véritablement psychologique et rend notre pensée non psychologique, en nous faisant souhaiter la vérification empirique, la vérité scientifique et les systématisations, ou même en en créant le besoin. Ce "facteur" correspond au fait d'être enfermés dans le mythe Grande Mère/ Héros, dont la nature est de nous faire imaginer (de façon mythique !) la possibilité de nous évader héroïquement du mythe et d'atteindre le "fait", la "vérité", la "science"[19]. »

Il développe ensuite ce thème, montrant qu'un compte rendu en termes d'évolution est un genre appartenant à la perspective Héros/Grande Mère. Ceci implique que lorsque nous concevons l'histoire de nos vies comme une lutte pour nous délivrer de la Grande Mère, selon l'expression de Jung, nous sommes engagés dans des actes de bravoure qui se reflètent dans des concepts tels que la formation du moi, la force du moi et l'identité personnelle. La théorie qui émerge de cette perspective archétypique est celle de Neumann dans *Origins and History of Consciousness*. Ce livre n'est pas une profession de « foi » dans le progrès ou un travail « scientifique » sur l'évolution. Ce n'est pas non plus, comme le montre Giegerich, un ouvrage

La fiction de l'histoire clinique

« historique » en aucun autre sens du terme, sauf dans son acception d'histoire comme récit. Il s'agit plutôt d'une vision imaginaire archétypique dont la cohérence est assurée par une intrigue captivante : la formation du moi, un Monsieur-tout-le-monde avec lequel chacun de nous peut s'identifier. Sa force de persuasion vient de ce même fondement archétypique – la rhétorique de l'archétype – qui, dans cet exemple, renvoie chacun de nos lecteurs à une récapitulation ontogénétique de la lutte héroïque menée pour être délivré de l'atmosphère oppressante de l'*ouroboros* maternel.

Giegerich associe un genre d'écriture psychanalytique avec un archétype. Dans un court article, j'ai aussi essayé de montrer qu'un certain mode de présentation de la psychologie, en particulier celui de Jung, au moyen de graphiques, de nombres, de prédictions, en évoquant l'introversion et la lente patience et en faisant appel aux images du Vieil Homme Sage et aux pratiques de l'antique sagesse et de la magie, relève de la conscience *senex* de Saturne[20]. Là encore, il s'agit de la rhétorique d'un archétype, ainsi que d'un genre déterminant nos intrigues et nos façons de consigner les histoires cliniques.

La définition la plus célèbre de la relation entre genre et archétype est due à Nothrop Frye dans son *Anatomie de la critique*, où les quatre genres classiques en littérature sont mis chacun en correspondance avec une saison de l'année, si bien que la littérature suit le cycle du dieu du maïs. En réalité, bien que quadruple, le système de Frye reste sous l'égide du mythe unique de la Grande Mère, du Dieu-Héros son fils et du cycle de la nature.

Une approche plus fondamentale encore que toutes ces manières d'aborder le problème du genre et de l'archétype peut être extrapolée à partir d'un article de Patricia Berry. Elle considère que le récit en tant que tel reflète inévitablement les préoccupations du moi, car tout récit relève par essence du genre de l'archétype du héros. Elle écrit :

> « Le récit se trouve aussi renforcé par la thérapie. Nous racontons l'histoire de nos vies comme nous racontons nos rêves. L'analyse influe non seulement sur le contenu de nos rêves mais aussi sur la facture même de nos souvenirs... Puisque le style narratif de la description est indissociablement lié à un sens de la continuité – ce qu'en psychothérapie nous appelons le moi –, le risque d'un mauvais usage de la continuité à cause du moi existe... La plus grande difficulté liée au récit est que le moi tend à tout rapporter à lui. Le héros n'a pas son pareil pour se retrouver au centre de n'importe quelle histoire. Il peut faire de tout la parabole d'une façon de réussir et d'avoir le dessus. La continuité d'une histoire devient sa *propre* évolution héroïque en cours. Ainsi, lorsque nous déchiffrons un rêve en tant que récit, rien n'est plus naturel pour le moi que de voir dans la succession des événements une progression ayant pour terme la récompense ou la défaite méritée du rêveur. La façon dont l'histoire nous englobe en tant que protagoniste déforme le rêve et en fait un miroir dans lequel le moi n'aperçoit que le reflet de ses propres préoccupations[21]. »

La fiction de l'histoire clinique

Une idée semblable a été succinctement formulée dans le dictionnaire de Roger Fowler : « Un récit sans héros n'est rien d'autre qu'une fiction critique[22]. » Même l'antihéros renverrait pour nous psychologues à une inflation négative du moi. Qu'il soit mentionné ou non, le moi est toujours présent. Si nous nous mettons à raconter des histoires sous forme de récit, nous ne manquerons pas de faire apparaître une théorie du moi. Berry sous-entend que le genre du récit lui-même détermine l'intrigue selon laquelle nous élaborons notre histoire clinique et la compréhension que nous en avons.

Se pose alors la question suivante : est-ce que notre manière de consigner l'histoire clinique, et même d'interpréter les situations et les rêves individuels, découle de la psychologie du moi, ou bien serait-il possible que la psychologie du moi – telle qu'elle a d'abord été exposée par Freud, puis par une section de son école et aujourd'hui par la communauté thérapeutique en place –, soit la conséquence de notre manière d'écrire ces histoires ? Avons-nous produit la psychologie du moi par notre mode d'écriture ? Nos histoires cliniques sont-elles non pas tant des reflets de la façon dont la psyché fonctionne que des démonstrations empiriques de la manière dont la *poièsis* travaille à organiser notre vision ?

Ceci signifie qu'il nous faudrait commencer à déchiffrer ces histoires cliniques dans une perspective archétypique qui prenne en compte leur forme. Nous nous intéresserions alors au genre à travers lequel le patient s'imagine, et même au rythme, à la langue, à la structure des phrases et aux métaphores, car les archétypes ne se trouvent pas seulement dans le contenu d'une histoire clinique : la forme aussi est archétypique. Ainsi, nous nous ouvririons à l'idée que, si le récit était consigné autrement, par quelqu'un d'autre, d'un autre point de vue, il paraîtrait différent et le serait effectivement. Je suggère ici le fondement poétique de la thérapie, de la biographie, de nos existences mêmes.

Peut-être que les exemples du moi héroïque et du picaresque ne suffisent pas à montrer ce que je veux dire. Revenons aux abstractions de la conscience *senex*, domaine très éloigné du récit, qu'il soit épique ou à épisodes.

Nous trouvons cette manière *senex* de consigner une histoire clinique à la fois chez Freud et chez Jung, un accent mis sur les réductions, soit vers le bas avec l'angoisse de la castration, le fantasme d'omnipotence, la scène primordiale, etc., soit vers le haut avec la totalité, le soi, le fait d'être quadruple. Le travail de l'analyse se présente moins comme exposé de ce qui survient ensuite que comme états descriptifs de l'être, abstractions fondamentales des puissances à l'œuvre au sein de l'âme. Ces abstractions et ces réductions peuvent s'exprimer sous forme théorique, en termes de libido et de ses quantifications, ou historique, numérique (*quaternio*) ou figurée (*mandala*). Au lieu d'être primordiales et irréductibles, ainsi que l'affirme la théorie de Jung lui-même, les images

La fiction de l'histoire clinique

d'un rêve se muent en représentations de quelque chose de plus abstrait. La dame dans la vitrine qui raccommode des tapis ne correspond pas à cette image précise et à ce qu'elle implique métaphoriquement, mais incarne sous forme non représentative et abstraite l'image de la mère à laquelle elle peut se réduire. Les scènes de l'enfance ne sont pas perçues comme des images ou reliées entre elles de façon à former un récit d'évolution, mais deviennent des modèles d'universaux théoriques, anaux ou œdipiens. Les événements ne racontent pas une histoire mais révèlent une structure. Cette structure est ensuite appliquée à d'autres événements par-delà les époques et à des images indépendamment du contexte – tentatives pour dépasser tout le monde à l'école, nécessité obsessionnelle de changer de sous-vêtements, peur de la forêt noire en campant –, les rassemblant comme manifestations du principe originel.

Il n'est plus question de ce qui survient ensuite et de la façon dont chacun passe d'une situation à la suivante. Il s'agit plutôt de circonstances illustrant des principes, d'images comme des allégories, de scènes comme des mises en œuvre dans le temps de vérités éternelles. Dans ce genre qui consiste à examiner un patient – et j'emploie à dessein le terme d'examiner –, la fonction de la conscience, incarnée par l'écrivain-analyste, est d'apercevoir les abstractions grâce à une pénétrante sagacité qui décèle les structures et les lois.

La fiction qui soigne

Ainsi est définie la fonction de connexion de la conscience, non pas hermétiquement en termes de significations ou martialement en termes de mobilisation, ou encore de façon érotique ou dionysienne, mais de façon systématique, grâce à une aptitude paranoïde à percevoir les défenses et les résistances comme des mécanismes (et non comme des obstacles au cours héroïque de la progression). Enfin, au sein de ce genre, le dénouement se conçoit moins en termes de but chez le patient (disons, d'amélioration), qui relève du style narratif et de la formation du moi, mais consiste plutôt en une leçon sur la science de l'analyse, une contribution à la théorie, qui ajoute une pierre à son monument. Saturne, le *senex*[23].

Vous n'aurez pas manqué de remarquer que j'ai fait allusion à quelques alternatives que nous n'avons pas encore évoquées : l'écriture hermétique où les connexions n'entraînent pas une fermeture mais une ouverture et un dévoilement ; l'écriture aphroditique où l'accent est mis sur la valeur de ce qui est perçu par les sens, les liens personnels ou, éventuellement, le sexe ; enfin l'écriture dionysienne, pour laquelle le flux est primordial. Je n'ai fait qu'effleurer également le point de vue de l'*anima* qui, telle que je la conçois, s'en tiendrait aux images et aux visions imaginaires elles-mêmes, sans jamais les traduire ou les organiser en un récit ou selon une intrigue, mais en leur faisant écho sur un mode métaphorique où la conscience est une

La fiction de l'histoire clinique

conscience suggestive, réflexive, tout en résonances, en nuances et en évolutions indéfinissables.

L'idée qu'un Dieu habite nos récits et que ce Dieu ordonne les mots selon la syntaxe même d'un genre n'est pas nouvelle dans les études littéraires, même si elle peut choquer certains collègues qui croient vraiment n'établir que des comptes rendus cliniques de faits. Annabel Patterson[24] a par exemple repris « les sept étoiles principales » ou description des sept notions de style utilisées dans les compositions de la Renaissance. Là, nous voyons comment différents dieux peuvent être associés à des genres, à savoir : la gravité avec Saturne, la vitesse avec Mercure, la beauté avec Vénus, la violence avec Mars, et ainsi de suite. Il ne faut bien sûr pas forcer ces correspondances terme à terme : la psychologie polythéiste ne s'exprime pas de façon tranchée, par des équivalences absolues. Il faut plutôt les imaginer comme des perspectives suggestives invitant à écrire et à déchiffrer des comptes rendus cliniques et à écouter la langue du patient.

Ce que je cherche à montrer dans cette partie se trouve déjà dans le même article de Berry : « La manière dont nous racontons notre histoire modèle notre thérapie. » La façon dont nous imaginons notre vie détermine la façon dont nous allons continuer à la vivre. Car le fait de se raconter à soi-même ce qui arrive constitue le genre à travers lequel les événements deviennent des expériences. Il n'existe pas d'événements bruts, de faits évidents ou de données simples – ou plutôt, il s'agit là encore d'un archétype imaginaire : la vision simpliste de la nature brute (ou morte).

La rhétorique signifie l'art de persuader. La rhétorique de l'archétype est la manière dont chaque dieu nous persuade de croire au mythe qui forme l'intrigue de notre histoire clinique. Mais le dieu et le mythe ne sont pas une chose à part, susceptible d'être manifestée dans des moments numineux de dévoilement, par un oracle ou à travers la révélation d'images. Ils sont contenus dans la rhétorique elle-même, dans notre façon de nous servir des mots pour nous convaincre nous-mêmes de ce que nous sommes, de raconter ce qui est advenu ensuite et de répondre à la question « pourquoi ? ». Pour trouver les dieux en psychologie, nous devrions tout d'abord considérer les genres au moyen desquels nous consignons nos histoires cliniques.

Nous devons orienter notre réflexion vers la littérature psychanalytique en tant que *littérature*. Je suggère par là que la réflexion littéraire est un mode primordial permettant de comprendre en quoi nous sommes ignorant, inconscient et aveugle face à ce patient, parce que nous n'avons pas encore différencié le facteur subjectif, les dieux dans notre œuvre.

La fiction de l'histoire clinique

6. Histoire de l'âme contre histoire clinique

Avant d'aller plus loin, il nous faut revenir sur une distinction faite ci-dessus par Alain entre l'histoire comme récit d'événements extérieurs et la fiction comme récit d'événements intérieurs. Cette même distinction était cruciale pour ma démonstration dans *Suicide and the Soul*, où j'affirme que, si jamais il est possible de comprendre le suicide, ce ne peut être que du point de vue de l'âme et de son histoire intime. Les événements extérieurs consignés dans un compte rendu clinique ne suffisent pas. Permettez-moi de reprendre ici ce que j'explique dans ce livre :

> « L'intérieur et l'extérieur, la vie et l'âme, apparaissent comme parallèles dans "l'histoire clinique" et "l'histoire de l'âme". Une histoire clinique est une biographie d'événements historiques auxquels nous participons : famille, école, travail, maladies, guerre, amour. L'histoire de l'âme néglige souvent complètement quelques-uns ou plusieurs de ces événements et invente spontanément des fictions ou des "paysages intérieurs" dépourvus de corrélations majeures avec le dehors. La biographie de l'âme concerne l'expérience, elle ne paraît pas suivre la direction à sens unique du cours du temps, et ce sont les émotions, les songes et les visions imaginaires qui en rendent le mieux compte... Les expériences engendrées par les principaux rêves, crises et prises de conscience définissent la personnalité. Comme les événements extérieurs de l'histoire clinique, ils possèdent aussi un "nom" et une "date", ils sont comme des bornes délimitant notre propre territoire individuel. Ces bornes

La fiction qui soigne

sont moins susceptibles d'être niées que les faits extérieurs de l'existence – le reste : nationalité, religion, métier et même notre propre nom pouvant subir des modifications. L'histoire clinique relate les réussites et les échecs de la vie dans le monde des faits. Mais l'âme n'a ni réussi ni échoué de la même manière... L'âme imagine et joue – or cette dimension ludique n'est consignée nulle part. Que reste-t-il de nos années de jeux d'enfant susceptible d'être mis par écrit dans une histoire clinique ?... Tandis qu'une histoire clinique expose une série de faits menant au diagnostic, l'histoire de l'âme révèle plutôt un tourbillon concentrique renvoyant toujours à un au-delà de lui-même... L'histoire clinique ne donne pas accès à l'histoire de l'âme[25]. »

Les nuances apportées par la suite à cette position radicale sont trop longues pour être retranscrites ici, mais néanmoins la distinction reste tranchée. L'histoire clinique est disqualifiée en tant qu'elle correspond aux « réussites et [aux] échecs de la vie dans le monde des faits ». Elle constitue simplement un vestige du modèle médical, accessoire par rapport aux préoccupations de l'âme.

Or cette conclusion n'est pas satisfaisante. Que dire de l'histoire clinique, pas seulement en tant que document écrit mais comme réalité de chaque existence ? Nous avons tous nos histoires – parents et écoles, maladies et diplômes, emplois occupés et amours perdus. Tout cela est-il donc complètement insignifiant pour l'âme ? La bataille livrée à l'histoire clinique dans ce texte-ci prolonge ce travail-là sur le suicide : que nous apprend véritablement l'histoire

La fiction de l'histoire clinique

clinique ? Quelles raisons avons-nous au juste de la consigner ?

Tant que le problème reste prisonnier des anciennes dualités mécaniques de l'âme et du monde, de l'intérieur et de l'extérieur, du psychologique et du médical, nous ne sortons pas des vieilles ornières. Au lieu de cela, il nous faut apercevoir la nécessité intérieure des événements historiques dans les événements eux-mêmes, là où « intérieur » ne signifie plus seulement qui relève du domaine privé ou appartient à un soi, une âme ou un moi, et où l'intérieur ne correspond plus à un endroit littéral dans un sujet, mais à la subjectivité au sein des événements et à l'attitude qui intériorise ces événements et part, en eux, à la recherche des profondeurs psychologiques.

L'erreur centrale du mécanisme appliqué à la psychologie est de considérer littéralement les fonctions et les actions comme des parties mobiles discrètes, séparées les unes des autres. L'erreur centrale de mes deux types d'« histoires » était la séparation mécaniste entre âme et cas clinique, ce dernier finissant par se muer intégralement en faits littéraux figés. Le passage cité en fait suffisamment état. En m'obstinant à assimiler à tout prix l'histoire clinique à un contenu rigoureusement factuel, je pouvais libérer l'histoire de l'âme entièrement rendue à son intériorité, son importance et son symbolisme.

Ce modèle qui envisage deux histoires n'évite pas l'écueil que les historiens sont censés ne pas ignorer, celui de la littéralité historique : ce qu'un récit historique relate est ce qui s'est réellement passé, c'est un compte rendu des faits, une chronique vérifiable des événements réels tels qu'ils se sont vraiment déroulés. Alain aussi commet la même erreur en renvoyant totalement dos à dos les faits historiques et la fiction. Cette distinction élève l'histoire clinique au statut de réalité littérale, ce qui conduit ensuite à vouloir à tout prix – comme je le fais ci-dessus – que l'histoire de l'âme soit dotée du même type de réalité : « ils [les événements intérieurs] possèdent aussi un "nom" et une "date"... comme des bornes ». Ayant pris les faits extérieurs littéralement, il me fallait en faire autant avec les réalités intérieures et les figer.

Ce que je n'ai pas vu à cette époque et que je voudrais rectifier aujourd'hui, c'est qu'une histoire clinique – même si elle est consignée de l'extérieur – est aussi un produit de l'imagination. Je reconsidérerais l'histoire clinique comme l'une des manières dont l'âme parle d'elle-même, comme un cas clinique également doté d'une histoire de l'âme. Nous pouvons alors respecter cette histoire clinique pour le mode de fiction qu'elle est : une fiction prise dans des littéralités, qui, forcément, ne se reconnaît pas comme telle parce que, ce sera l'objet de cette première partie, cette forme de littéralité est nécessaire à l'âme : elle a besoin de son histoire littérale, l'augmentant au fur et à mesure de son implication dans la vie.

La fiction de l'histoire clinique

Surtout, il est impossible de nous réclamer des certitudes intimes de l'âme contre le flux des faits extérieurs. Ce que nous nous racontons sur les « véritables » entités et points de repère de notre âme est tout aussi sujet à dissolution, à malentendu et à fluctuation que n'importe quel événement « extérieur ». Nous pouvons autant nous tromper sur nous-même que sur les faits du monde. La distinction entre une histoire clinique d'événements extérieurs et une histoire de l'âme retraçant des expériences intérieures ne peut pas s'établir en termes de permanence indélébile et de vérité littérale. Aucune des deux histoires n'est plus « réelle » que l'autre parce qu'elle serait plus solide. Il nous faut affirmer la réalité psychique d'une autre manière, non en copiant les métaphores littérales, les représentations imaginaires fixes et inaltérables que nous appliquons à la réalité extérieure.

Fonder autrement la distinction entre intérieur et extérieur revient à percevoir le va-et-vient entre l'âme et les faits historiques comme un processus d'intériorisation et d'extériorisation, de révélation soudaine et de plongée dans les ténèbres, de refus ou d'acceptation du sens littéral. L'âme et l'histoire sont les noms que nous donnons à cette opération plus fondamentale à l'œuvre entre ce que la pensée hindoue désigne par le terme *suksma* (subtil) et *sthula* (brut), entre le point de vue fictionnel et métaphysique d'une part et le point de vue littéral et historique de l'autre, entre intériorité et extériorité. Ce n'est pas qu'il y ait deux types d'événements

La fiction qui soigne

ou deux lieux où ils surgissent, mais qu'il existe deux perspectives face aux événements, soit intérieure et psychologique, soit extérieure et historique.

Nous en arrivons à un point essentiel concernant la relation entre l'âme et l'histoire. Un événement devient une expérience, passe de l'extérieur à l'intérieur, est intégré à l'âme, lorsqu'il est soumis à un processus psychologique, que l'âme le travaille d'une manière ou d'une autre. Platon a énuméré pour nous les principaux modes : la dialectique, certains types de démences dont l'amour et le rituel, et la poésie, à quoi nous pouvons ajouter la maladie ou le développement de pathologies comme activité thanathologique de la psyché. Nous pouvons absorber le monde à travers la maladie, la création de symptôme étant une manière de transformer l'événement en expérience. Mais un simple récit, une histoire dépouillée, ne suffisent pas à engendrer l'âme.

Une histoire d'amour n'est qu'une *histoire**, une sur *mille e tre*, réduite à l'histoire extérieure d'événements émotionnels, pareille à une masse de jonquilles jaunes, à moins d'être remémorée calmement, à travers une opération psychologique, ainsi que l'âme elle-même l'exige : lettres d'amour, angoisses, poèmes, confidences, rendez-vous dangereux, tumescences imaginaires. Les rêves, les visions et les sentiments – qui sont si entièrement intimes et miens – n'ont rien à voir avec l'âme tant qu'ils n'ont pas été remémorés, consignés et inté-

La fiction de l'histoire clinique

grés dans l'histoire. Les images et les sentiments intimes (prétendument la substance de l'âme) sont disponibles de nuit, à la foire aux songes, simples révélations involontaires issues du tunnel de l'amour et du cabinet des horreurs, tant qu'ils ne sont pas nuancés par l'intelligence et soumis à la fonction fabulatrice de la psyché, pesés et passés au tamis par la réflexion méthodique de l'amour, du rituel, de la dialectique ou d'un art – ou encore d'une analyse psychologique et de son intrigue thérapeutique.

Vous remarquerez que je parle ici de l'histoire comme d'un équivalent de la genèse de l'âme, comme un processus de digestion.

Ces deux modes historiques réapparaissent dans l'opposition entre l'âme et le cas clinique. L'histoire de type clinique est celle de l'extériorité, de la matière première brute, non fermentée, non digérée, non travaillée. Et ce matériau clinique (autre appellation qui lui conviendrait tout autant) peut aussi bien correspondre aux visions imaginaires intenses et personnelles dues au LSD ou à une révélation religieuse, ou encore à d'ennuyeux documents dans mes dossiers – du moment que ce matériau n'a pas été passé en revue et ingéré afin de constituer une expérience. Extérieur signifie simplement que nous nous plaçons au-dehors et observons ce matériau, clos dans sa littéralité factuelle. Il est arrivé ça et ça, et puis ça. Intérieur signifie que nous le recueillons en nous, qu'il s'offre à la compréhension. L'ingestion ralentit le cours des événements, au bénéfice du temps de mastication.

Nous pouvons considérer l'histoire du point de vue de l'âme. En collationnant soigneusement ce qui est arrivé, l'histoire digère les événements, les faisant passer de matériau clinique à matière subtile.

Cette vision imaginaire recèle l'un des principes de ma foi : l'âme ralentit le déferlement de l'histoire, la digestion calme l'appétit, l'expérience condense les événements. Je suis d'avis que, si nos expériences étaient plus nombreuses, nous aurions moins besoin d'événements et que le rapide passage du temps s'interromprait. Je crois aussi que ce que nous ne digérons pas est déposé ailleurs, en d'autres personnes, au sein du monde politique, des rêves, des symptômes du corps, devenant littéral et extérieur (et appelé historique) car cela s'avère trop difficile pour nous, trop opaque, pour être dévoilé et s'offrir à la prise de conscience.

Ce dont nous ne faisons pas l'expérience reste un matériau clinique ou fait partie de l'histoire du monde, accélérant la marche des événements à la fois dans mon âme et au-dehors. Selon un vieux proverbe : toute hâte vient du diable, ce qui signifie sur le plan psychologique que le diable en nous se manifeste par une indigestion, par le fait que les événements débordent notre capacité à les vivre. Ce dont nous faisons l'expérience en soumettant les événements à un processus imaginaire est prélevé dans les rues du temps et extrait de la mer d'igno-

La fiction de l'histoire clinique

rance de mon agitation mentale. Rester immobile suffit à vaincre le diable.

Ou bien aller à reculons : la régression relève du mode digestif de la genèse de l'âme, si bien qu'une bonne part de l'acte de se souvenir, qui s'accompagne de douleur et de honte, est récapitulation, ultime révision du chapitre avant de pouvoir le clore. Les analystes devraient peut-être récrire leurs études de cas aussi souvent que les romanciers leurs fictions. Consigner une histoire clinique, puis la récrire et la préparer pour la publication, fait partie de sa thérapeutique, en tentant de remédier aux moments irréfléchis de la fiction, à ses résidus non digérés. Nous aussi devons purger nos écrits du jargon à la mode des idées empruntées, des conventions et des concetti qui ne renvoient qu'à nous-mêmes. Il nous faut relever les adjectifs, les groupes prépositionnels et même les virgules, tout cela contribuant à la précision et affûtant les images en les ramenant à l'essentiel. En même temps que nous analystes devenons plus lettrés, nous pouvons peut-être prendre les choses moins à la lettre, desserrer l'étau de la dimension clinique dépourvue de toute vision de l'âme. Après tout, psychothérapie signifie thérapie de la psyché et, dans la pratique, elle ne se limite pas forcément à la personne qui est passée par le cabinet avant de s'évanouir anonymement dans l'existence. Le suivi dans l'écriture constitue notre mode de digestion. Le travail se poursuit au sein du praticien et nous continuons à « pratiquer » avec les cas de Freud. La psychothérapie progresse par régression, revenant une fois encore sur le matériau, récrivant sa propre histoire.

C'est pour cette raison que je m'incline psychologiquement devant l'autel du dieu du temps historique et de la lenteur, Saturne, le dévoreur archétypique, qui nous enseigne l'art de la digestion interne à travers le symptôme de ses dépressions magistrales.

Il est surprenant de constater que l'analyse ne considère pas l'histoire sous cet angle salutaire. Les psychothérapies des profondeurs étudient le passé d'une personne avec le désir de le modifier ou même de l'évacuer. Toute personne est un cas clinique précisément à cause de sa dimension historique. La thérapie est une sorte d'*opus contra historiam*, qui travaille contre les influences historiques de l'enfance et de la société, afin de mettre au jour et de libérer un véritable soi anhistorique. Ainsi, les thérapies des profondeurs invoquent des principes anhistoriques, tels qu'instincts, dimension intemporelle de l'inconscient, renaissance, archétypes et autres universaux éternels comme le complexe d'Œdipe ou le moi. « Profondeurs » a tendance à signifier au-delà ou en dehors de l'histoire. Ces thérapies s'efforcent aussi de donner à l'âme une histoire indépendante de son matériau clinique, une âme dont l'histoire récapitule la phylogénie ou l'individuation religieuse.

J'aborde quant à moi la question historique sous un autre angle. Je considère l'opposition entre les deux types d'histoires comme une nécessité de

La fiction de l'histoire clinique

l'intrigue thérapeutique. La thérapie a besoin de la fiction des réalités littérales comme matériau primordial sur lequel travailler. Il lui faut le cru pour obtenir le cuit. Ainsi, notre point de départ est une anamnèse classique. Mais cette démarche n'a pas pour but un ancrage dans les faits, elle s'explique parce que les histoires factuelles sont la matière primordiale dans laquelle la psyché du patient est prise. Il est plongé dans ces adhésions et ces identifications littérales, les circonstances prégnantes de la *physis*. Tel est l'abîme apparemment sans âme, le matériau informe et non psychologique qui comprend de nombreux renseignements sur les frères et sœurs, des chiffres économiques, des passages par les centres sociaux, des maux, des douleurs et des besoins, le tout n'ayant pas encore été « organisé » en intrigue car étant de fait antérieur à la fermentation.

Ce niveau de fiction doit se présenter de manière littérale. L'intrigue thérapeutique demande l'opacité des événements afin de provoquer des prises de conscience. De plus, en tant que processus ininterrompu, elle a continuellement besoin de matériaux nouveaux pour poursuivre la genèse de l'âme. Par conséquent, l'histoire clinique et sa matière se développent parallèlement à l'histoire de l'âme et la rendent possible. La thérapie tire profit du maintien de la séparation entre « extérieur » et « intérieur » afin de faire circuler les données d'un domaine à l'autre grâce à son art de l'interprétation.

La fiction qui soigne

Pour interpréter, il faut des frontières bien entretenues – peut-être même est-il nécessaire de les établir. Toutes ces frontières soigneusement définies que comporte la thérapie – entre patient et médecin, objectif et subjectif, symboles et concepts, conscient et inconscient – découlent de sa démarche première et fondamentale comme traduction interprétative. Défenses, résistances, paires d'opposés, frontières du moi : c'est là un langage de la limite. Peut-être le transfert lui-même a-t-il une fonction d'interprétation et, si nous renoncions aux frontières requérant une traduction entre deux langues, nous perdrions la tension du transfert entre deux personnes.

Supposons qu'au lieu d'imaginer les frontières comme des fossés ou des tranchées entre des camps opposés, réclamant des censeurs, des interprètes, des règlements professionnels, nous les concevions comme des miroirs : l'analyse comme *mimésis*. La thérapie suscite alors des correspondances d'images, une circulation d'un côté à l'autre. L'image apportée par le patient reçoit un reflet imaginaire à travers moi, plutôt qu'une traduction dans mon langage. Nous réagissons à la peinture ou à la musique sans traduction, pourquoi en irait-il autrement pour les rêves ? L'art imaginaire délaisse l'interprétation pour faire appel à la place à un acte comparable d'imagination. Votre rêve évoque en moi un rêve, le mien en évoque un en vous – non pas de façon littérale, il ne s'agit pas d'une mise en commun et d'une confession (qui dissout l'image dans un sub-

La fiction de l'histoire clinique

jectivisme personnel) –, mais un rêve conçu comme rêverie, vision, écho imaginaire, un moment de genèse de l'âme non motivé par un souci herméneutique ou un geste de compréhension. Le long de la frontière en miroir, nous n'entendons pas la langue du sens : se comprendre n'est pas le but et la traduction disparaît. Au lieu de cela, se déploie une danse mimétique, un va-et-vient de gardes-frontière, de salutations des images, d'échange de présents, de cérémonies.

Avez-vous compris à qui je fais allusion ? À Hermès, dieu des frontières et de l'herméneutique, des connexions entre différents mondes. En tant que procédure d'interprétation, la psychothérapie a convié le vif et rusé Hermès, avec ses relations multiples, son phallus, ses tromperies, et il faut donc le maîtriser par des limitations qui, en tant que frontières, ne font que l'encourager davantage. Le cercle herméneutique est un cercle vicieux, une analyse sans fin, car il y a toujours plus de matériau inconscient à soumettre à l'interprétation consciente.

Mon intention n'est pas de dire qu'Hermès ne convient pas en tant que dieu pour l'analyse. Je veux montrer qu'une fois qu'il a été sollicité, il vaut mieux savoir à quoi s'attendre. Il est en lui-même une fiction qui soigne, un dieu. Hermès nous guérit en nous persuadant de la validité de cette fiction interprétative, en faisant qu'elle marche, si bien que l'interprète tombe précisément sur le mot qui ouvre la voie. Mais, pour qu'Hermès accomplisse comme il convient sa fonction de guide des âmes, nous devons lui fournir de la matière à transformer en message. Ni rêves – ni prises de conscience thérapeutiques. Il lui faut quelque chose à transporter de l'autre côté, quelque chose à échanger, à traduire en une révélation. Il apparaît dans l'acte d'interprétation, son cadeau est le dévoilement lui-même. On reconnaît son passage au monticule de cailloux élevé pour marquer son intervention. Ces bornes-monticules continuent à être érigées dans la psyché comme participant de l'histoire de l'âme (nous l'avons déjà mentionné), après qu'un peu de travail herméneutique expert a été accompli sur un rêve ou un récit.

Lorsque Hermès est à l'œuvre dans une analyse, nous nous sentons dépossédé de notre histoire, qui nous apparaît transformée. (Lorsque ma collègue a « dupé » son nouveau patient en ne lui donnant pas le récit qu'il voulait, c'était un coup d'Hermès, même si la manœuvre a échoué.) Le patient raconte son histoire mais, soudain, l'intrigue en est changée. Il résiste, comme on essaierait d'arrêter un voleur... ce n'est pas cela que je voulais dire, pas du tout. Mais il est trop tard : Hermès s'est emparé du récit, lui a fait prendre une autre direction, a changé le noir en blanc et lui a donné des ailes. Le récit a disparu du réseau historique de connexions terrestres où il s'est amorcé et a été réduit à un sens souterrain.

Freud et Jung ont chacun débuté avec ces astuces hermétiques. « Il m'est arrivé hier quelque chose d'incroyable », tel est devenu leur message hermé-

La fiction de l'histoire clinique

neutique. Ils ont sorti les lapsus, les blagues et les curieuses associations verbales hors de leur contexte innocent de *prima facie* pour les amener dans les vastes cavernes de la signification psychique. Tous deux étaient maîtres de la conversion hermétique, partant du matériau clinique pour arriver à l'âme.

7. Jung : enfant d'Hermès ?

Mis à part les genres que nous avons évoqués (hermétique, héroïque, picaresque ou à épisodes, érotique, saturnien et celui de l'*anima*), nous trouvons en germe un autre genre chez Jung[26]. Mais il nous faut chercher au bon endroit. Car, bien que Jung ait apporté plusieurs contributions au sujet des liens entre la psychologie et la littérature (*Problème de l'âme moderne*), elles relèvent des approches les plus conventionnelles de la psychologie des profondeurs sur le sujet. Elles sont générales et formulent l'ensemble de la question sous forme de paires d'opposés : inconscient individuel/collectif, esthétique/psychologique, créativité/normalité, forme/contenu, etc. Les quelques remarques de Jung sur la fiction, à l'exception de son texte sur *Ulysse* de Joyce et de son affinité avec le *Faust* de Goethe, renvoient globalement à des auteurs de seconde zone comme Rider Haggard. Sa véritable contribution, de même que celle de Freud, consiste dans les fictions qu'il a lui-même élaborées, dans sa manière propre d'écrire de la psychologie. *Réponse à Job* en est l'exemple le plus évident, mais les analogies avec des productions littéraires qu'il établit dans ses phénoménologies de différents archétypes sont encore plus intéressantes : le fripon, Mercure, l'enfant, l'*anima*, la mère : il s'agit de l'invention créatrice de personnalités fictives, de biographies ou de descriptions du caractère de personnes archétypiques.

Comme pour Freud, l'essentiel du matériau clinique publié par Jung (mis à part ses premiers articles psychiatriques et freudiens, c'est-à-dire ce qu'il a écrit avant l'âge de trente-sept ans, moment auquel Jung devient ce que nous nommons à présent jungien) est à mille lieues de l'empirisme clinique. Lorsqu'il se réfère à des cas cliniques, comme il le fait tout au long de son œuvre écrite, ce n'est pas au sens empirique et clinique, mais en tant que matériaux de remplissage anecdotiques ou d'exemples sur un point précis. Ces cas sont des illustrations secondaires qu'il introduit souvent par la remarque : « J'aimerais illustrer ce point par un exemple[27]. »

Bien qu'il s'agisse d'une « analyse des prodromes d'une schizophrénie » (sous-titre des *Métamorphoses de l'âme et ses symboles*), la plus célèbre longue étude de cas de Jung, « Miss Miller », consiste, comme celle du Président Schreber de Freud, en l'analyse d'un document imprimé, écrit à l'origine par un Américain et dont

La fiction de l'histoire clinique

Jung a donné une traduction en allemand à partir de la version française. Sa deuxième plus importante étude de cas publiée (*Psychologie et alchimie*), de même que le petit Hans de Freud, est un matériau issu d'un patient qui n'a pas fait d'analyse avec lui. Jung a expressément choisi un cas qui ne soit pas le sien afin que la démonstration de sa théorie au moyen de ce cas soit d'autant plus objectivement empirique, c'est-à-dire moins soumise à son influence (cf. *Psychologie et religion*, p. 44). Même le fameux patient de l'hôpital du Burghölzli, source de la vision imaginaire spontanée du phallus solaire créant le vent, qui est devenue le fondement « empirique » des hypothèses de Jung concernant l'inconscient collectif et les archétypes, s'avère n'avoir pas été un de ses patients, mais celui de son élève Honegger qui lui en a parlé [28].

Dans la présentation que Jung fait au volume de ses œuvres complètes regroupant ses articles sur l'analyse empirique et intitulé « La pratique de la psychothérapie » ([correspondant à peu près en français aux deux livres suivants :] *La guérison psychologique*, Georg, Genève, 1970, pour la citation, et *Psychologie du transfert,* Albin Michel, Paris, 1980), il dit : « Ce livre pourra donner au lecteur une bonne idée des fondements empiriques de la psychothérapie. » Le lecteur lambda s'attend à y trouver un « matériau clinique », mais les onze cas mentionnés dans ce livre – si l'on excepte le court cas posthume mis en annexe par les éditeurs dans la deuxième édition après la mort de Jung – sont des références anecdotiques faites *en passant**, ou bien les « rêves » de patients servant à Jung de matériau pour sa méthode d'interprétation.

La façon dont Jung utilise dans ses dernières œuvres le mot « empirique » mérite une étude à elle toute seule, car il ranime un terme qui s'était réduit à un cliché enrobé de scientisme. Je pense qu'il se réfère en l'employant à un processus subjectif qui se déroule en lui-même et se rapproche de l'utilisation poétique du mot « empirique ». L'événement empirique – l'image du phallus solaire chez un patient – libère une évolution dans l'esprit qui déclenche une hypothèse (ou une image, un vers). Nous désignons alors l'événement empirique comme la cause efficiente, car l'hypothèse a effectivement surgi à l'occasion d'un fait empirique localisé dans le temps et dans l'espace, de même qu'un poème peut naître à partir d'une perception concrète. Et, pareil au poète, Jung revient encore et toujours au monde concret des perceptions (cas cliniques, rêves, visions religieuses, textes anciens). Il est donc empirique en ce premier sens. Il l'est, deuxièmement, en ce qu'il accumule les exemples pour étayer ses hypothèses et, troisièmement, dans le sens pragmatique qu'il évalue les hypothèses en termes d'heuristique thérapeutique et pratique. Mais il n'est pas empirique, même pas au sens clinique du cas unique comme paradigme, dans la mesure où le cas clinique n'est pas la source indis-

La fiction de l'histoire clinique

pensable de ses révélations ou le lieu de leur démonstration.

Sauf dans sa biographie, qui arrive au terme de sa cosmologie en vingt volumes et n'était pas censée faire partie des preuves apportées à ses théories bien plus anciennes, même si elle s'avère par la suite avoir été le principal réceptacle empirique de son œuvre tout entière[29]. Car l'œuvre de Jung, comme la théorie des rêves, du refoulement et de l'inconscient de Freud, découle d'une histoire clinique majeure qui en est la démonstration : celle de l'auteur.

En résumé, l'exposé par Jung des cas cliniques ne relève en aucun cas d'un empirisme médical (compte rendu des interactions entre médecin, patient, pathologie et traitement), ses exemples cliniques consistant davantage en fictions psychiques spontanées accompagnées de leur interprétation. (Le rapport de ces rêves et visions imaginaires avec le « cas clinique », ou avec le médecin [Jung], est à peine esquissé et reste le plus souvent secondaire.) Ses cas ne sont pas non plus des « anamnèses », des présentations biographiques d'une vie, un procédé qu'il rejette expressément :

> « Plus d'une fois déjà on a reproché à la nouvelle psychothérapie de s'occuper trop assidûment de problèmes philosophiques plutôt que de s'attacher à une étude minutieuse de cas particuliers. Cette accusation doit être expressément rejetée, car les problèmes philosophiques relèvent dans une très large mesure de la recherche empirique en psychologie ; ils font tout

autant l'objet de cette recherche que celui de la philosophie critique. L'intelligence empirique qui se livre à une étude minutieuse des cas particuliers introduit, qu'elle le veuille ou non, ses prémisses philosophiques non seulement dans sa mise en ordre mais aussi dans son appréciation des faits, et même dans la présentation apparemment la plus objective de ses données. Et si aujourd'hui le psychothérapeute se met à parler de philosophie [d'une *Weltanschauung*, d'une philosophie de la vie], cela signifie simplement qu'il a découvert l'existence de présupposés généraux qui du fait de sa naïveté lui avaient jusqu'alors échappé. À quoi bon un travail méticuleux allant jusqu'à explorer le moindre détail s'il est hypothéqué par des prémisses inavouées [30] ? »

Que nous reste-t-il donc ? L'interprétation et le commentaire appliqués à des constructions psychiques imaginaires et spontanées. Le matériau en est la fiction, même si on l'appelle « matériau inconscient ». Si Freud écrit des fictions, au sens ci-dessus, Jung écrit sur les fictions. Et, pour Jung, plus le résultat est imaginaire et incompréhensible, mieux c'est (d'où l'alchimie, le Tibet, Zarathoustra, les périodes astrologiques infinies, la schizophrénie, la parapsychologie), car de tels matériaux le contraignent à faire preuve d'une imagination au moins équivalente. Cependant, Freud et Jung assument tous deux une posture empirique, se soumettant aux critiques empiriques et essayant de se défendre au moyen d'arguments empiriques. Ils auraient mieux fait de chercher un appui du côté de la discipline

La fiction de l'histoire clinique

dans laquelle ils étaient eux-mêmes engagés : l'imagination littéraire.

La manière dont Jung écrit en psychologie prend des formes variées, il recourt parfois à l'exhortation et au ton apocalyptique d'un prédicateur hérétique, parfois aux graphiques et aux chiffres d'un expérimentaliste comme Wundt, parfois encore aux systèmes farfelus, au langage abscons et aux références ésotériques d'un des premiers gnostiques du Proche-Orient. Tel Hermès dont les pieds ailés peuvent se poser aussi bien dans l'Hadès que sur l'Olympe et qui transporte les messages de tous les dieux sans exception, l'herméneutique de Jung ne connaît aucune barrière de temps ou de lieu : que ce soient le yoga chinois, les rites mexicains, les événements historiques contemporains, les patients à l'hôpital, la physique moderne, il peut tout interpréter, tout est *prima materia* pour ses opérations psychologiques. Sa psychologie se présente comme un essai ininterrompu, *Versuch*. Ainsi qu'il l'a toujours affirmé, Jung, pas plus que n'importe quel autre grand essayiste comme par exemple Montaigne ou Emerson, n'a élaboré de système. Que la deuxième génération de ses disciples se soit empressée de révéler la cosmogonie enfouie au sein des essais non systématiques – une cosmogonie totale, cartes et chiffres inclus – ne rend nullement Jung moins hermétique. La seule œuvre (le volume 7 des *Collected Works*, qui comprend entre autres : *La psychologie de l'inconscient*, Georg, Genève, 1963 et *Dialectique du moi et de l'inconscient*, Paris, Gallimard, 1964) qui a bien « essayé » de bâtir une approche systématique a été écrite à l'origine avant que ses œuvres majeures sur la science, la religion, les mythes, l'alchimie et la réalité psychique aient même été conçues. (Que ce livre soit toujours utilisé comme introduction à l'œuvre de Jung montre notre besoin désespéré de *systèmes* explicatifs de psychologie et non pas d'*essais* perspicaces en psychologie.)

Ainsi, la façon dont Jung écrit en psychologie semble s'effectuer sous la tutelle d'Hermès de plusieurs manières : par son intérêt pour les états limites de la psyché, son implication dans les secrets hermétiques de la psyché et, troisièmement, par sa recherche herméneutique le long des frontières de la psychologie, où des domaines bizarres se jouxtent. De plus, l'œuvre de Jung elle-même est une herméneutique à la manière d'Hermès. Elle ne crée pas de nouvelle cosmologie, mais confère une signification neuve à celle qui existe en la conduisant vers la psyché et en conduisant la psyché vers la mort. Toute chose porte un message des dieux adressé à l'âme. Hermès apparaît dans les préoccupations de Jung pour le mythe des significations, dans son attirance répétée pour Mercure, que ce soit à travers la schizophrénie, la synchronicité, la transformation, la mort ou encore à travers l'art hermétique qu'est l'alchimie. Hermès est aussi le fripon qui peut déformer le sens des mots, comme « empirique », afin de transporter le message requis à ce moment-là et de faire passer à travers lui un sens nouveau. Au

La fiction de l'histoire clinique

centre de sa pierre gravée de Bollingen, entouré par les signes des planètes, se trouve le personnage de Mercure[31]. Il est, entre autres choses, le dieu de l'écriture.

Mais, à ma manière proprement mercurienne, le Dieu auquel je veux me référer concernant Jung n'est pas Hermès mais Dionysos et, pour ce faire, nous devons aborder l'analyse que Jung fait du rêve.

8. Rêve, drame, Dionysos

Jung n'accepte pas la fiction freudienne du rêve, la trouvant à la fois trop artificielle et trop simpliste. Le rêve pour Jung n'est pas allégorique, ou « description narrative d'un sujet sous les dehors d'un autre[32] », dans laquelle « les personnages, les actions et le décor sont systématiquement symboliques[33] ». Le rêve est métaphorique, parlant deux langues à la fois, ou, pour reprendre les termes dans lesquels il formule cette duplicité hermétique, le rêve est un symbole, le fait de réunir par hasard en une seule voix deux dissonances. Ce qui sépare Freud et Jung est ce qui distingue l'allégorie et la métaphore. Cette différence entre allégorie et métaphore détermine plus profondément les véritables écoles de psychologie et la compréhension de l'âme et de son langage que toutes les variantes découlant des intrigues ou des théories de Freud et de Jung.

L'allégorie et la métaphore commencent toutes deux en énonçant une chose comme s'il s'agissait d'une autre. Mais, là où la méthode allégorique partage ce double langage en deux éléments constitutifs, l'un latent et l'autre manifeste, et requiert la *traduction* du manifeste en latent, la méthode métaphorique maintient les deux voix ensemble, entendant le rêve tel qu'il se raconte lui-même, à chaque instant évocateur dans son ambiguïté et d'une précision concrète. On ne peut soumettre une métaphore à la traduction interprétative sans briser son unité particulière. L'homme a une jambe de bois n'est plus une métaphore si quelqu'un dit : regardez, sous son pantalon, l'une de ses jambes est artificielle, ou si on emprunte l'autre voie, disant : je veux simplement dire au sens figuré que son allure est pareille à celle de quelqu'un qui aurait une jambe de bois. De tels propos sonnent faux, ils sont creux et bancals. Puisque les symboles et les métaphores ne peuvent être traduits, il faut une autre méthode pour comprendre les rêves, qui par nature inclue les masques, les déguisements et les doubles, une méthode qui soit elle-même métaphorique.

Ce mode d'expression métaphorique constitue pour Jung la voix de la nature elle-même : selon sa métaphore préférée concernant le rêve, c'est la nature elle-même qui parle. Il renvoie par là, du moins selon moi, à la fois à la *natura naturans* (la force primordiale de la nature) et à la *natura naturata* (les formes primordiales de nature, les images archétypiques ambiguës mais précises). En invo-

La fiction de l'histoire clinique

quant les rêves pour montrer la nature créatrice dans l'âme, Jung fait aussi appel au dieu de cette nature, Dionysos, qui est à la fois la force vitale, *zoé*, et le flux ambigu de l'imaginaire primordial ; il est toujours enfant, bisexuel et seigneur des âmes, la vie psychique de la transformation au travers d'événements à demi cachés. Jung mentionne aussi Dionysos en déclarant que le rêve a une structure dramatique. Dionysos est le dieu du théâtre : le mot « tragédie » signifie son « chant du bouc ».

Lorsque Jung dit que le rêve possède une structure dramatique et que sa nature peut se déchiffrer comme du théâtre, sa démarche s'apparente à celle de Freud. Tous deux projettent sur le rêve l'idée qui leur permet de l'appréhender. Pour Freud, le rêve contient la sexualité refoulée, alors même qu'il le perçoit et le déchiffre au moyen de cette idée (qui, soit dit en passant, n'est pas simplement une théorie des instincts ou un modèle biologique, mais une intrigue archétypique exprimant Aphrodite, Éros, Priape et Dionysos-Liber). Pour Jung, le rêve possède une structure dramatique, même s'il recourt à la perspective dramatique pour expliquer le rêve. Cette confusion entre ce que nous voyons et comment nous le voyons montre une fois de plus l'effet des idées. *Eidos* signifie au départ ce que quelqu'un voit et ce par quoi il voit. En fait, nous ne percevons la structure dramatique que si nous percevons grâce à elle. Nous voyons ce que nos idées, régies par des archétypes, nous autorisent à voir.

La fiction qui soigne

Ce recours de Jung à l'élément dramatique constitue une de ses manœuvres littéraires. De nouveau, il franchit un cap crucial en rapprochant la psychologie de la poétique. De plus (en formulant cette pensée sous forme d'hypothèse, et en italique pour qu'elle frappe votre esprit) : *si le rêve relève de la nature psychique en soi, s'il est non conditionné, spontané, primordial, et si cette nature psychique s'avère posséder une structure dramatique, alors la nature de l'esprit est poétique.* Pour remonter à la source de l'ontologie humaine, à sa vérité, à son essence et à sa nature, nous devons évoluer au sein du mode fictionnel et utiliser des instruments poétiques. Pour comprendre la structure du songe, nous faisons appel au drame : la *poièsis* est la *via regia* menant à la *via regia*. L'inconscient produit des drames, des fictions poétiques : c'est un théâtre.

Dans une œuvre non publiée avant 1945 (« De la nature du rêve », in *La guérison psychologique*), Jung expose de façon systématique les quatre phases de la structure dramatique : annonce du lieu, des personnages, exposition ; développement de l'intrigue ; point culminant ou péripétie ; solution ou lyse. Je ne vais pas répéter ici ce qui en est dit, vous aurez plaisir à le lire vous-même. C'est instructif, utile et... trompeur. Car la structure dramatique n'est pas vraie au niveau où Jung la postule : les rêves qui nous sont soumis en consultation peuvent rarement être découpés en quatre phases bien définies, car ils sont essentiellement soit abrupts et fragmentaires, soit enflés par l'hystérie, longs et

La fiction de l'histoire clinique

sinueux. De plus, la notion de structure dramatique est trompeuse en un sens plus profond : le rêve est d'abord une image – *oneiros* (rêve en grec) signifie « image » et non « histoire » (cf. Berry, *op. cit.* sur le rapport entre récit et image dans les rêves). Nous pouvons concevoir le rêve de façon narrative, allégorique ou dramatique, mais il est lui-même une image ou un groupe d'images. Lorsque nous voyons en lui du théâtre, ce sont toujours, pour partie, nos propres hypothèses que nous voyons.

Si l'hypothèse dionysienne s'est révélée précieuse pour percevoir le *rêve* d'une autre manière, elle sera encore plus utile pour saisir *Dionysos* sous un autre angle.

Son hystérie a valu à Dionysos d'être honni ou adulé. Il en est venu à signifier simplement le contraire d'Apollon[34], devenant ainsi, dans l'esprit populaire aussi bien que savant, le dieu des ménades en furie, de l'extase collective, de la perte des frontières, de la révolution et de la théâtralité. Le *logos* doit venir d'ailleurs, par exemple d'Apollon. Mais, lorsque Jung confère au rêve une *structure* dramatique, il suggère qu'il possède une *logique* dramatique, qu'il existe un *logos* dionysien et que telle est la logique du théâtre. Le rêve n'est pas que de nature psychique : il recèle aussi une logique psychique. (Freud a bien entendu exposé la première grammaire de cette logique dans la septième partie de son *Traumdeutung*. Mais cette œuvre peut aussi être perçue comme une manière perverse de transformer une rhétorique poétique en

La fiction qui soigne

mécanismes pathologiques. Les termes qu'emploie Freud pour parler du travail du rêve – condensation, déplacement, symbolisation et autres – sont les modes même de la diction poétique.)

Je pense que Jung montre la chose suivante : si la psychothérapie doit comprendre l'âme qui rêve de l'intérieur, elle a tout intérêt à recourir à la « logique du théâtre ». La nature de l'esprit tel qu'il se présente directement a une forme spécifique : une forme dionysienne. Il se peut que Dionysos soit la force qui à travers le canal vert commande la fleur, mais cette force n'est pas inerte, elle possède une organisation interne. En psychologie, ce langage ne s'exprime pas génétiquement ou de façon biochimique à travers l'information codée par l'ADN, mais directement à travers la forme artistique propre à Dionysos, la poétique théâtrale. Ce qui signifie que le rêve n'est pas du tout un message codé, mais une démonstration, un *Schau*, au sein duquel le rêveur lui-même joue un rôle ou figure parmi le public, étant par là toujours impliqué. Il n'est pas étonnant qu'Aristote ait situé la psychothérapie (catharsis) dans le contexte du théâtre. Nos vies sont la mise en scène de nos rêves ; nos histoires cliniques sont d'emblée, de manière archétypique, des pièces de théâtre : nous sommes des masques (*personae*) à travers lesquels la voix des dieux retentit (*personare*). De même que les rêves, les visions intérieures (sur lesquelles nous reviendrons plus en détail dans le deuxième chapitre) obéissent à l'impérieuse logique du théâtre. Jung

La fiction de l'histoire clinique

écrit (*Mysterium Conjunctionis*, Albin Michel, Paris, 1982, traduction E. Perrot, tome 2, p. 293) :

> « On voit se dérouler à partir de là une chaîne de représentations imaginatives qui prennent peu à peu un caractère dramatique : le simple phénomène passif se mue en action. Celle-ci est d'abord représentée en des figures projetées, et le sujet observe des images comme si elles se succédaient sur une scène de théâtre. Autrement dit, on rêve les yeux ouverts. D'une façon quasi générale, il existe une tendance prononcée à se contenter de la distraction que procure le sens intérieur... L'action qui se déroule sur la scène demeure toujours pour l'observateur un phénomène lointain qui ne le concerne pas réellement, et moins il est touché, moins ce théâtre privé aura sur lui un effet cathartique. La pièce qui se joue ne demande pas seulement à être observée mais elle veut persuader le spectateur qu'il doit fournir sa participation. S'il comprend que c'est son propre drame qui se déroule sur cette scène intérieure, les péripéties et le dénouement ne peuvent le laisser indifférent. Il remarquera que les personnages qui s'avancent et l'action qui se noue [offrent des rapports avec sa situation]... et que l'inconscient, qui lui met ces image dans l'esprit, lui parle par elles. C'est pourquoi il se sent contraint ou il est exhorté par son médecin à se mêler à la pièce... »

Cette saisissante analogie littéraire avec le processus de guérison nous renvoie à la Grèce et à la place du théâtre dionysien dans la guérison. Le patient vient prendre le rôle de celui qui joue sur scène, l'acteur. La guérison s'amorce lorsque nous quittons le public pour monter sur la scène de la psyché, devenant les protagonistes d'une fiction (même la voix divine de la Vérité est une fiction) et, au fur et à mesure que le drame s'intensifie, la catharsis se produit : nous nous affranchissons de nos adhésions à une destinée littérale et trouvons une certaine liberté à jouer des rôles, partiaux, démembrés, dionysiens, *n'étant* jamais une totalité mais *participant* au tout qu'est une pièce, remémorés par cette pièce en tant que nous en sommes acteur. La tâche qui nous est assignée par la pièce et son dieu consiste à tenir son rôle avec professionnalisme et sensibilité.

Associer les rêves au théâtre et à Dionysos, c'est ne pas les ranger du côté de l'oracle et d'Apollon. La démarche de Jung invalide toute l'approche prophétique du rêve, à laquelle lui-même s'est souvent laissé prendre, déchiffrant le rêve comme un message prophétique sur la manière de se comporter : l'interprétation des rêves comme source de conseils pour la vie quotidienne. De nouveau : pas des messages, des masques.

Si la structure de la logique dionysienne est dramatique, la personnification particulière de cette logique est l'acteur : le *logos* dionysien est la mise en scène de la fiction, soi-même un « être comme si » dont la réalité provient entièrement de l'imagination et de la croyance qu'elle impose. L'acteur est et n'est pas, à la fois personne et *persona*, divisé et non divisé – comme on appelait Dionysos. Le soi divisé est précisément le lieu où loge authentiquement le soi – contrairement à ce que dit Laing.

La fiction de l'histoire clinique

L'authenticité est le perpétuel démembrement d'être et de ne pas être un soi, un être qui est toujours en plusieurs morceaux, comme un rêve joué par une troupe au grand complet. Nous passons tous par des crises d'identité, parce qu'une identité unique est un délire de l'esprit monothéiste qui veut à tout prix écraser Dionysos. Nous avons tous une conscience disséminée dans toutes les parties de notre corps, des matrices nomades, nous sommes tous hystériques. L'authenticité gît *au sein de* l'illusion, elle joue le rôle de l'illusion et perçoit à travers elle de l'intérieur quand nous l'incarnons, tel un acteur qui voit à travers son masque et n'a pas d'autre manière de voir.

L'incapacité à comprendre cette logique dionysienne, et le fait que nos drames trouvent forme et cohérence dynamique parce que leur intrigue obéit à des mythes auxquels les dieux participent, nous pousse hors de nous-mêmes. Nous essayons de voir clair dans ce qui se passe en adoptant le point de vue d'un observateur neutre. Alors, voilà Penthée en haut de son arbre et l'évolution schizoïde et apollinienne due à l'hystérie guette, privant la logique de sa vie et la vie de sa logique. Dans les deux cas, il y a folie.

L'essence du théâtre, c'est de savoir qu'il s'agit de théâtre, que nous jouons, représentons, mimons, au sein d'une réalité qui est entièrement fictionnelle. Ainsi, lorsque Dionysos est appelé seigneur des âmes, ce n'est pas seulement dans le sens métaphysique de la mort et des mystères du monde

La fiction qui soigne

souterrain. Cela signifie aussi seigneur de la prise de conscience psychique, du point de vue psychologique qui perçoit toutes choses comme des masques afin de voir à travers elles. Car dès qu'une logique fonctionne grâce au masque, elle implique le fait de voir à travers lui. La logique dionysienne est nécessairement mystique et transformationnelle, car elle prend les événements comme des masques, requérant l'ésotérisme, le processus visionnaire permettant d'accéder à la révélation suivante. C'est cette logique qui rend nécessaires ses attributs d'évolution, de danse, de fluidité. Dionysos incarne le point de vue qui ne peut rien considérer de manière statique, tel quel ou à la lettre, car tout a été énoncé littérairement en fictions dramatiques. Comme le dit le psychologue de cour élisabéthain, le monde est un théâtre et nous sommes faits de la même étoffe que les songes.

Nous avons longtemps été amenés à croire que le *logos* ne peut être défini que par des structures olympiennes, par des enfants de Zeus et d'Athéna, ou bien par Apollon, Hermès ou Saturne – le *logos* en tant que forme, loi, système ou mathématique. Mais, selon Héraclite, il s'agit d'un flux pareil au feu, et Jésus l'a comparé à l'amour. Chaque dieu a son *logos*, irréductible à une définition unique mais correspondant fondamentalement au pouvoir pénétrant qu'a l'esprit de créer un cosmos et de lui conférer un sens. On le désigne d'un vieux mot, le pire des mots : conscience.

La fiction de l'histoire clinique

La conscience dionysienne perçoit les conflits dans nos histoires par les tensions dramatiques générées et non à travers des oppositions conceptuelles : nous sommes faits de douleurs, non de polarités. La conscience dionysienne est le mode qui confère du sens à nos vies et à nos mondes, par la conscience de la *mimésis*, en reconnaissant que toute notre histoire clinique est une mise en scène, quel qu'en soit le mode : « Tragédie, comédie, drame historique, pastorale. Pastorale comique. Pastorale historique. Tragédie historique. Pastorale tragico-comique...[35] », et en admettant que « psychologique » veut dire me percevoir moi-même sous le masque de cette fiction particulière que mon destin est d'incarner.

Enfin, se comprendre de l'intérieur d'un drame renvoie aux origines religieuses non seulement du drame, mais aussi des mises en scène mythiques que nous accomplissons et nommons en recourant au terme de « comportement ».

9. Le besoin d'historicité

La découverte cruciale de Freud, à savoir que les récits qu'on lui fait sont des événements psychologiques se présentant sous des dehors historiques et vécus sur le mode du souvenir, constitue la première reconnaissance dans le domaine de la psychologie moderne de l'indépendance de la réalité psychique par rapport aux autres réalités. Il s'agit, de plus, d'admettre l'autonomie de la mémoire et de l'histoire l'une par rapport à l'autre. Il y a une part d'histoire qui n'est pas remémorée : oubli, déformation, négation, refoulement ; il existe aussi une mémoire qui n'est pas historique : souvenirs-écrans, fabulations, et ces récits faits à Freud de traumatismes sexuels précoces et de scènes originaires qui ne se sont jamais produits littéralement dans un passé historique.

Que l'histoire et la mémoire soient deux choses séparées – et que la mémoire ne soit pas un indicateur fiable de l'histoire et puisse la falsifier – est depuis longtemps chose connue des historiens. C'est pourquoi ils exigent des preuves documentaires objectives. Sans document, pas d'événement. Mais cette histoire-là ne constitue pas la substance même de la mémoire, et le fait que la mémoire soit *créatrice*, faisant passer ses productions pour des reproductions, ouvre des perspectives immenses concernant la conception de l'intellect, de la réminiscence et du sens du temps.

Les platoniciens ne voient rien d'étonnant à ce que Freud redécouvre ce qu'ils ont toujours affirmé. Depuis le *Ménon*, en passant par les *Confessions* d'Augustin et l'Art de la mémoire chez Guilio Camillo, jusqu'à Swedenborg, la philosophie romantique et Rudolf Steiner, la *réminiscence* ne se réduit jamais seulement à des faits survenus durant votre vie ou la mienne, imprimés sur la tablette de cire de l'esprit, mis en réserve et redécouverts par le

La fiction de l'histoire clinique

biais d'associations d'idées. Pour les platoniciens, la mémoire est un vaste réservoir de l'ensemble du savoir, tracé non seulement par le surgissement des événements mais également portant la signature des dieux : toutes les images et l'activité mentale qui font resurgir les souvenirs entretiennent un rapport étroit, bien qu'obscur, avec l'esprit de Dieu. Évoquer ses souvenirs, dans le sens platonicien, c'est passer directement de l'histoire à la gnose.

Pour être précis, il faut à juste titre qualifier de construction imaginaire cette manière de se rappeler ce qui n'a jamais eu lieu, et ce type de mémoire relève de l'imagination. *Memoria*, l'ancien terme désignant les deux opérations, renvoie à une activité et à un lieu que nous appelons aujourd'hui diversement mémoire, imagination ou inconscient[36]. La *memoria* est décrite comme une vaste demeure, un entrepôt, un théâtre rempli d'images. Et la seule différence entre se souvenir et imaginer, c'est que des images tirées de la mémoire émanent un sens du temps, une conviction étrange que cela est un jour arrivé.

Coupés de la nécessité d'avoir dû advenir ou d'être historiques, les souvenirs deviennent des histoires pré-historiques, c'est-à-dire archétypiques. Les événements resortis de l'entrepôt de *memoria* sont mythiques, au sens platonicien qu'ils ne se sont jamais produits tout en ayant toujours été[37]. Il sont éternellement présents, ni oubliés ni passés ; ils sont encore présents aujourd'hui, exactement comme

La fiction qui soigne

Freud les a redécouverts à l'œuvre dans la psychopathologie actuelle de la vie quotidienne.

La manière d'accéder à ces demeures de mémoire est personnelle : nous avons tous nos voies d'accès, qui nous font croire que la *memoria* elle-même est personnelle, qu'elle nous appartient en propre. Le divan psychanalytique est l'une de ces voies ; le carnet du poète, la table de l'écrivain en sont d'autres. Pourtant, la capacité de se remémorer des images spécifiques – la petite voisine en tenue de bain jaune creusant un tunnel jusqu'à la Chine sur une plage en juillet, la dent ensanglantée perdue dans le gâteau du goûter –, le fait que précisément ces images-là, et ces images avec une telle précision, aient été choisies, ramenées dans le présent et racontées, dit que leur substance vitale est mémorable d'un point de vue archétypique. La mémoire insuffle aux images ce qui fait leur « mémorabilité », les rendant plus « réelles » à nos yeux en leur ajoutant le sens du temps passé, en leur conférant une réalité historique. Mais cette réalité historique ne fait que recouvrir la signification pour l'âme, elle n'est qu'une manière d'adapter le sens archétypique du mystère et de l'importance à une conscience absorbée par les faits historiques. Si l'image ne se présente pas comme historique, nous risquons de ne pas la considérer comme réelle.

Se souvenir est ainsi une commémoration, un rappel rituel que nos vies adressent aux images à l'arrière-plan de l'âme. En nous souvenant, nous procurons une sorte de légende commémorative,

La fiction de l'histoire clinique

une image fondatrice à notre existence actuelle, de même que dans le cas des patients de Freud, les souvenirs fournissent l'arrière-plan légendaire fondant leur thérapie en cours ainsi que la psychanalyse. Les traumatismes sexuels se sont effectivement « produits », mais dans l'imagination, et ils continuent de se produire sous forme de rituels de commémoration, comme des légendes fondatrices sur lesquelles l'institution freudienne, son dogme, son culte et son clergé, a été établie.

J'ai besoin de me souvenir de mes histoires, non parce que je veux en apprendre plus sur moi-même, mais parce que j'ai besoin de me construire sur une histoire que je puisse tenir pour « mienne ». J'ai aussi peur de ces histoires, car, à travers elles, je peux être découvert et les fondements de mon imagination se trouver mis à nu. Le refoulement est intégré dans chaque histoire comme la peur de l'histoire elle-même, la peur de la proximité des dieux dans les mythes qui me fondent. Ainsi, l'art de la thérapie demande un traitement expert de la mémoire, de l'histoire clinique, afin qu'elle constitue véritablement une base solide pour le patient. D'où l'importance d'introduire les grands mythes dans une thérapie : ce sont des façons de déchiffrer l'histoire personnelle dans les modes fondateurs de la fiction.

Depuis Freud, les souvenirs sont l'étoffe de la psychothérapie. Cependant, si ce matériau consiste en fait en légendes commémoratives, alors la psychothérapie s'occupe vraiment de *mythopoièsis*,

La fiction qui soigne

comme les autres arts. Si le père de la thérapie est Freud, sa mère est bien Mnémosyne, *Memoria*, mère des Muses, dont la dixième fille, invisible, doit être Psyché.

La psychothérapie a tout d'abord entrepris de soigner la mémoire. La première étape dans ce traitement s'est produite lorsque Freud a guéri la mémoire de sa conception d'elle-même comme historique – l'identification de Mnémosyne avec l'une de ses filles en particulier, Clio. La deuxième étape a libéré la mémoire de sa fixation sur ses souvenirs en les identifiant comme des images. La mémoire cicatrise en devenant imagination. La dernière étape survient lorsque nous reconnaissons que la mémoire, le souvenir, opère à travers ses filles par différentes manières de méditer, d'imaginer, si bien que la psychothérapie encourage la réflexion, cette activité qui délivre la mémoire en engendrant des images. Lorsque nous méditons sur un souvenir, celui-ci devient une image, se débarrassant de sa guangue factuelle, littérale et historique, échappant à ses chaînes causales et s'ouvrant à la matière dont l'art est fait. L'art de guérir est de guérir par l'art. Bien entendu, cette phrase n'est pas à prendre à la lettre...

Nous sommes parvenus jusque-là en partant de la découverte cruciale de Freud selon laquelle les productions de *memoria* se présentent dans ses études de cas comme des reproductions de l'Histoire. Pourquoi la psyché a-t-elle besoin de revêtir l'expérience des costumes du passé, comme s'il s'agissait d'un fait historique ? Pourquoi la psyché

La fiction de l'histoire clinique

est-elle en quête d'historicité[38] ? Qu'est-ce que l'âme en retire ?

Telle me paraît être la question psychologique la plus importante émanant de la révélation par Freud de la « falsification » historique des souvenirs. Car cette « falsification » n'est rien d'autre que la recherche d'historicité de la psyché elle-même. La psyché construit une « Histoire » totalement fictionnelle. Nous ne fabriquons pas seulement l'Histoire, nous l'inventons au fur et à mesure. Henri Corbin a toujours affirmé que l'Histoire est dans l'âme (et non nous dans l'Histoire). Fabriquer l'Histoire est une méditation, un processus poétique propre à Clio, fonctionnant comme une activité autonome et archétypique, qui nous soumet des récits comme s'il s'agissait de faits. Or nous ne pouvons pas transcender l'Histoire, non pas par impossibilité de nous extraire du temps ou d'échapper au passé, mais parce que nous sommes toujours dans l'âme et soumis à ses méditations. La nécessité historique n'est pas un déterminisme historique – pris dans les traces objectives de l'Histoire et traîné à sa suite. Il faut plutôt comprendre par nécessité historique que nous sommes absorbés par nos récits, les histoires, les tragédies et les comédies de l'âme, son besoin de former sa subjectivité en tant qu'Histoire.

Certains pensent, et j'avoue avoir autrefois adhéré à cette position, que le fait de placer les événements dans le passé est une manœuvre défensive. Cela révèle des sentiments scindés : nous ne pouvonsnous empêcher d'avoir honte, alors nous l'exprimons au

La fiction qui soigne

passé. Lorsque je dis : je mentais à mon précédent analyste, je me masturbais, j'entendais des voix, mais plus maintenant, cela met une distance entre moi et l'action. En situant le scandale dans le passé, il ne me pèse plus autant. Je le nie. L'historicité sert une volonté de camouflage.

Mais aujourd'hui, je considère ces retours dans le passé comme des moyens de détachement. Les appeler défenses nous renvoie au moi, qui est accusé de ne pas prendre position, de se scinder, de ne pas avouer. Mais ce n'est pas le moi qui agit ainsi, c'est la psyché. Elle fabrique spontanément l'Histoire, même dans ses rêves, afin, selon moi, d'acquérir un certain type de distance comme moyen de *séparer un acte de la réalité*. Le mensonge, la masturbation ou l'hallucination deviennent des événements psychiques, non des événements du moi, une matière qui appelle plus la réflexion que le contrôle. Par là, ils perdent leur caractère affectif et personnel et acquièrent une dimension plus collective et générale, comme parts d'un récit plus que d'un compte rendu. Puisqu'ils ont été niés, ils sont passés du domaine de la vraie confession à celui de la fiction historique, où ils peuvent être envisagés sous un jour nouveau.

Dans ce sens, le camouflage par l'Histoire se fait au nom de la discrétion, afin de garder un événement intact mais à distance, dans un réceptacle en verre pour qu'on puisse essayer de le comprendre sans s'identifier à lui. Cela reste mon crime, mais mon crime n'est plus moi. Je dispose d'une marge

La fiction de l'histoire clinique

de manœuvre à son égard, alors que s'il survenait ici et maintenant, je serais à sa merci, sans possibilité d'y voir clair, réduit aux récriminations et aux défenses. L'emploi du passé en analyse signale que la psyché veut l'analyse. Ce changement est une tentative d'autoguérison, revenant à entourer ses plaies d'une atmosphère de fait objectif afin de rendre le traitement moins douloureux. La psyché place un événement dans un autre temps pour le traiter d'une autre manière, comparable à celle que nous utiliserions pour aborder n'importe quel événement historique, avec un mélange de respect, de curiosité perplexe et d'enquête impartiale – et, par-dessus tout, en incluant son contexte culturel. Le recours à l'historicité est moins un signe de défense psychologique qu'une indication que la psyché s'est dégagée de l'emprise du moi.

De plus, la quête d'historicité inscrit les événements au sein d'un autre genre. Ni ici et maintenant, ni il était une fois, mais à mi-chemin entre les deux. Pourtant, ce « entre » a une localisation précise dans l'Histoire, et un événement placé là peut exiger un traitement selon cette époque historique.

Tous les complexes psychologiques apparaissant sous la forme de personnages en rêves et de symptômes ne sont pas d'aujourd'hui, appelant une thérapie en quelque sorte du jour même. Il y a des pans de moi-même qui vivent dans des récits démodés, datant même d'avant ma naissance. Ils se rétractent face au Rolfing et à Esalen, peuvent même s'évanouir, avoir des vapeurs ou se dessécher dans

La fiction qui soigne

l'*acedia*, si on les oblige à « relâcher leur emprise ». Certains de ces aspects demeurent encore à la frontière dans une prison militaire intégriste, à Versailles avant la Révolution, ou trahissent des attitudes empreintes d'un colonialisme dix-neuvième siècle ou de l'érotisme clandestin et capitonné de la Vienne de Freud. Les fictions historiques utilisées par la psyché pour nous dire où nous sommes nous renseignent aussi sur le type de thérapie qu'elles appellent. L'hystérie généralisée au sens classique de Charcot, Janet et Freud se manifeste de préférence dans ce contexte historique et, même si elle devait se déclarer chez un patient contemporain, ce contexte historique resurgirait de même intégralement, avec son décor oppressant. Les symptômes sont une manière d'entrer dans l'Histoire : à chaque époque ses maladies. L'Histoire est une manière d'accéder aux symptômes.

L'historicité présente encore une autre facette. Pourquoi l'Histoire se préoccupe-t-elle surtout des rois, des batailles décisives et des déclarations, des grandes inventions, des époques et des empires ? Le passé est présenté comme un monument, comme somme de ce qui a été consigné par l'Histoire, si bien que nous supposons que seul ce qui compte a une historicité, accède à la dignité de l'Histoire.

L'Histoire rehausse, grandit. Lorsque les écrivains de la Renaissance se tournent vers le passé[39], c'est en partie par souci de dignité : le passé comme manière de rehausser le présent. Nous recherchons l'historicité pour donner aux événements de notre

La fiction de l'histoire clinique

vie une dignité que leur contemporanéité ne peut leur conférer. Ainsi, ce processus ramène les événements en arrière, à mi-chemin vers le « il était une fois », le sacré et l'éternel. Tout événement insignifiant de la vie simplement quotidienne, du petit déjeuner de Napoléon aux pets de Luther, lorsqu'on en fait de l'Histoire, acquiert aussitôt une autre signification, résonne de métaphores, passe de la description au symbole. L'Histoire est source de dignité parce qu'elle amène les événements sur la scène historique, qui deviennent ainsi tragiques, épiques et imaginaires. Toutefois, les historiens perdent souvent de vue la fonction imaginaire de leur travail. Pour eux, l'Histoire est un gigantesque et complexe assemblage supersonique, construit dans un hangar sombre par des centaines d'ouvriers agençant des millions de pièces. Mais une fois amené sur le tarmac, c'est une image, c'était une image depuis le début. Les détails pratiques disparaissent dans une vision gris métallisé.

C'est cette approche de « l'Histoire clinique » qui lui restitue sa vitalité. Mon récit est fait d'un ensemble de détails pratiques complexes et gris, il comprend tout les rouages assommants de ce qui s'est mal passé et de qui a eu raison, et pourtant, dans cette histoire clinique se trouve mon image, ma dignité, mon monument. En elle se situe aussi l'Histoire elle-même : ma mère avait une mère et avant elle tout une lignée ethnique ancestrale : le fils avec lequel je lutte est aujourd'hui, et aussi demain. Toutes les parties de mon compte rendu personnel sont en même temps le compte rendu d'une communauté, d'une société, d'une nation, d'une époque.

Il en découle ce qui suit : si l'Histoire confère une certaine dignité, alors l'histoire clinique comme forme d'écrit historique aussi. Notre histoire clinique recèle notre dignité humaine, que cette histoire soit rapportée par Zola, Genet, Spillane ou Dickens. Et même s'il s'agit du récit d'une déchéance racontée de manière sentimentale, même si elle se présente comme une corde entièrement littérale et factuelle faite pour se suspendre au nœud du diagnostic, une histoire clinique, du fait qu'elle relève de l'Histoire et donc de la fiction, est un pas dans le domaine de l'imagination.

Car c'est l'imagination qui confère distance et dignité, nous permettant de percevoir *les événements comme des images*. C'est elle qui se tient à mi-chemin entre le monde d'aujourd'hui et les imperceptibles fragments d'éternité spirituels. Derrière l'Histoire se tient Mnémosyne (*Memoria*), le monde imaginal, la mère de l'historicité, de la méditation *sui generis* et archétypique de l'âme concernant l'Histoire.

L'Histoire est une manière de méditer sur soi-même, et l'histoire clinique, qui est aussi une expression de Clio, une des manières permettant aux thérapeutes et aux patients d'effectuer une méditation thérapeutique. Qu'elle échoue, qu'elle engendre une déchéance et un diagnostic plutôt que le détachement et la dignité, renvoie seulement, une

La fiction de l'histoire clinique

fois encore, au pouvoir du récit de déterminer qui nous sommes. Mais la possibilité de réenvisager et de mettre en valeur qui nous sommes réside au sein des événements de chaque histoire clinique, pour peu que nous apprenions à la déchiffrer en tant que fiction et ses événements en tant qu'images de *Memoria*, qui a besoin de se souvenir pour créer.

10. Le cadeau de l'histoire clinique

J'ai constaté qu'une personne qui possède en elle depuis l'enfance un sens du récit est en meilleure posture que quelqu'un qui n'a pas eu accès à des contes, qui ne les a ni entendus, ni lus, ni joués, ni inventés. Je parle ici de contes oraux, ceux qui reposent essentiellement sur la parole – car la lecture aussi possède une dimension orale, même lorsqu'elle se fait en silence – plutôt qu'une histoire vue sur un écran ou dans un livre d'images. (Je reviendrai dans un instant sur cette préférence pour le mot par rapport à l'œil.) Être tôt en contact avec des histoires nous rend leur validité familière. Nous savons ce qu'elles peuvent accomplir, comment elles inventent des mondes et y transposent l'existence. Nous gardons un sens du monde imaginal, de son existence convaincante et réelle, du fait qu'il est peuplé, qu'il est possible d'y entrer et d'en sortir, qu'il est toujours là avec ses champs et ses palais, ses donjons et ses longs navires qui attendent. Nous apprenons que les mondes sont faits de mots et pas seulement de marteaux et de fils électriques.

La fiction qui soigne

Les histoires qu'on regarde sur écran sont différentes parce qu'elles entrent dans l'imagination via la perception, renforçant la confusion entre représentations perceptives et images imaginaires. Nous percevons un tableau par les sens, tandis que nous imaginons une image. Ou bien, pour le dire comme Edward Casey[40] : une image n'est pas un contenu que nous voyons mais une manière de voir. Nous pouvons voir un tableau comme une image, et un film peut être imaginé et devenir une image – mais ces images demeurent en général associées aux éléments visuels à travers lesquels elles sont d'abord apparues. Cependant, les images-mots sont la propriété directe de l'imagination, qui à son tour peut les visualiser à travers une simili-perception (comme visualiser des scènes en lien avec une musique, des visages à la place de personnages fictionnels ou des lieux dans un roman) ; mais l'essence des images-mots est d'être autonomes par rapport au monde perceptif et de nous en libérer. Elles ramènent l'esprit chez lui, à son fondement poétique, à sa dimension imaginale.

Une fois encore, c'est Freud qui a redécouvert la différence entre images perçues et imaginaires. Les scènes réellement vues (Maman et Papa au lit un samedi après-midi) ne possèdent ni le pouvoir d'être remémorées, ni la force créatrice de symptôme, du récit et des images de la scène primordiale. Pour paraphraser Casey : un trauma n'est pas ce qui s'est passé mais la façon dont nous y avons assisté, ce n'est pas un événement pathologique

La fiction de l'histoire clinique

mais une image devenue pathogène, une image « intolérable », comme le dit Lopez-Pedraza.

Si ces images intolérables nous rendent malades, nous guérissons grâce à l'imagination : la *poièsis* comme thérapie.

La personne qui a tôt entendu raconter des histoires a l'imagination exercée en tant qu'activité. Elle peut *imaginer la vie*, et non simplement la penser, la voir, la percevoir ou l'apprendre. Et elle comprend que l'imagination est un endroit où on peut être, une sorte d'être. De plus, elle a rencontré des images pathologiques, des personnages fantastiques estropiés, idiots, obscènes sur le plan sexuel, violents et cruels, absolument magnifiques et séduisants. La thérapie est une manière de raviver l'imagination et de l'exercer, cette sorte d'exercice imaginaire étant l'objet de toute l'entreprise thérapeutique. Elle reprend le fil de la tradition orale des conteurs : la thérapie reformule l'histoire de la vie. Il faut bien entendu pour cela revenir à l'enfance, car c'est là que notre société et que chacun d'entre nous a placé l'imagination [41]. C'est pour recréer et exercer l'imagination que la thérapie doit s'occuper de la part enfantine en nous.

Les tenants actuels de la théorie rationaliste et associationniste de l'esprit, ainsi que de la théorie positiviste de l'homme, objecteront que tout cela peut s'avérer excessivement fantaisiste, que c'est une façon de fuir la réalité et que la tâche qui incombe à la thérapie est précisément le contraire de ce que j'ai esquissé. Ils considèrent que la thérapie est la réduction progressive de l'imagination afin de l'amener au service de buts réalistes. Selon eux, ce qui conduit un homme ou une femme à la folie, c'est précisément un trop-plein d'inventions imaginaires : trop d'histoires, l'histoire fictionnelle se confondant avec l'histoire historique, les réalités envolées.

Mais les écoles de thérapie fondées sur l'imaginaire, qu'évoque avec sensibilité Mary Watkins dans son livre pionnier *Waking Dreams* [Rêves éveillés], entrent directement dans le domaine de l'imaginaire. Elles considèrent tout à fait littéralement que les thérapeutes travaillent à la fabrication d'une histoire. Cela peut les amener à faire l'économie de l'histoire clinique comme uniquement extérieure, oubliant que cette histoire aussi est un fruit de l'imagination, et que tous les personnages qui la peuplent, y compris ces personnages traumatiques éternellement présents que sont Papa et Maman, ne sont pas des représentations dans la mémoire mais des images de *memoria* ayant un écho archétypique, des ancêtres dans mon mythe généalogique qui continuent à engendrer mon âme par les visions imaginaires et les émotions qu'ils ne cessent de provoquer. L'histoire clinique n'est pas le lieu pour oublier les complexes : elle constitue aussi un rêve éveillé comportant autant de prodiges que n'importe quelle descente dans la caverne du dragon ou n'importe quelle promenade dans les jardins du paradis. Il suffit à chacun de déchiffrer métaphoriquement chaque phrase littérale de sa vie, de voir chaque représentation du passé comme une image.

La fiction de l'histoire clinique

Pour finir, nous reconnaissons que l'histoire clinique en psychologie est un véritable événement psychique, une expression authentique de l'âme, une fiction créée non par le médecin mais par la quête d'historicité de la psyché, et que ce genre de récit correspond à la réémergence de l'âme dans notre époque grâce à l'analyse des profondeurs. De même que la psychologie des profondeurs a réinventé un nouveau type de médecin et de patient, un nouveau langage, un nouveau style de rituel et d'amour, de même elle a donné forme à un nouveau genre de récit, qui n'est ni biographique ni médical, ni encore témoignage d'une confession, mais un récit relatant le mécanisme interne de l'âme au fil du temps, une histoire des souvenirs, des rêves, des réflexions, parfois déguisés, mais pas forcément, en réalités empiriques. Peu importe qui les consigne, ils demeurent des documents de l'âme.

L'analyste solitaire dans sa *Schreibstube* éclairée, l'assistante sociale fumant cigarette sur cigarette et tapant frénétiquement à la machine, c'est-à-dire le désir impérieux de consigner ces récits, même s'ils ne sont ni lus ni publiés, est un geste psychologique, en lui-même une façon de raconter. Car cette nouvelle forme de fiction fait son entrée dans notre époque sous la poussée d'une force puissante. Nous voulons prendre des notes, il y a tellement de choses à dire. Ces lâches futilités sont d'une importance capitale parce que l'Histoire se déroule maintenant dans l'âme et que l'âme a réinvesti le champ de l'Histoire. Les thérapeutes sont les nouveaux historiens[42].

La fiction qui soigne

C'est en ce sens que les histoires cliniques sont vitales pour la psychologie des profondeurs. Ce n'est pas en tant que principes fondamentaux empiriques ou restes du modèle médical, ni comme des exemples paradigmatiques démontrant l'intrigue de tel ou tel théoricien, qu'elles retiennent notre attention. Ce sont des phénomènes subjectifs, des histoires de l'âme. Elles sont surtout importantes pour le personnage sur lequel elles portent, vous et moi. Elles nous fournissent un récit, une fiction littéraire qui, en la transcrivant, détache notre vie de sa projection frénétique vers l'extérieur. Elles nous font passer de la fiction de la réalité à la réalité de la fiction. Elles nous offrent la possibilité de nous reconnaître au sein du chaos du monde en tant que nous nous occupons depuis toujours de la genèse de notre âme[43], où « genèse » renvoie à son sens original de *poièsis* : la genèse de l'âme comme *poièsis* psychologique, engendrer l'âme à travers l'imagination des mots[44].

Peut-être qu'à notre époque nous nous adonnons à l'analyse non pas pour être aimé ou soigné, ni même pour un quelconque « Connais-toi toi-même », mais pour recevoir une histoire clinique, pour qu'un récit retrace l'histoire de notre âme et pour qu'on nous donne une intrigue qui guide notre vie. Tel est le cadeau de l'histoire clinique, le cadeau de se trouver soi-même dans un mythe. Au sein du mythe, les dieux et les hommes se rencontrent.

2. Le pandémonium des images

*La contribution de Jung
au « Connais-toi toi-même »*[1]

> « Il n'est pas possible de parler comme
> il se doit des dieux sans les dieux. »
>
> JAMBLIQUE

1. Les *daïmôns* de Jung

Lorsque nous nous interrogeons sur l'apport de Jung à notre culture, son mérite me paraît évident sur un point : il a fourni une réponse claire à notre besoin psychologique le plus récurrent, d'Œdipe à Socrate en passant par Hamlet et Faust : « Connais-toi toi-même. » Non seulement Jung a fait de cette maxime le leitmotiv de sa propre vie, mais il nous a procuré une méthode grâce à laquelle chacun de nous peut répondre à cette question fondamentale de la connaissance de soi. L'enseignement de Jung porte en particulier sur le « comment », sur l'art ou la méthode à adopter vis-à-vis de soi-même, qui est aussi bien l'impulsion à l'origine de toute psychologie. Ainsi, l'aspect que je souhaite développer ici concerne la méthode psychologique de Jung comme ce qu'il nous a légué de plus précieux.

Vous vous rappelez peut-être comment cela a commencé : Aniéla Jaffé le raconte dans l'autobiographie de Jung. Celui-ci était submergé par un « flot incessant de phantasmes », débordé par « la multiplicité des contenus et des images psychiques ». Afin de faire face à ce torrent d'émotions, il a consigné ses visions imaginaires et laissé le déluge se transposer dans des images.

Vous vous souvenez aussi de l'époque à laquelle cela s'est produit, à savoir peu après la rupture avec Freud – au point que Stanley Leavy[2] a suggéré que Salomé dans la vision que je vais évoquer n'est autre que Lou Andreas-Salomé, et Élie nul autre que Freud. Durant cette période de sa vie, Jung était seul sur le plan spirituel. Mais, malgré cet isolement, il ne s'est pas tourné vers une nouvelle communauté ni vers une religion instituée, il n'a pas cherché un refuge dans la psychose ou une sécurité dans des activités conventionnelles, le travail ou la famille : il s'est intéressé à ses images.

Lorsqu'il n'a rien eu d'autre à quoi se raccrocher, Jung s'est adressé aux images personnifiées de la vision intérieure. Il a pénétré dans un drame intérieur, s'est intégré lui-même dans une fiction imaginaire et alors, peut-être, a entamé sa guérison – même si cette période a été appelée dépression.

Le pandémonium des images

Là, il a trouvé une destination en dehors de Vienne, des personnages avec qui communiquer à l'extérieur du cercle de ses collègues psychanalystes et un conseiller autre que Freud. La rencontre avec ces figures personnelles devait marquer les premières personnifications de son *destin* d'homme mûr – c'est aussi de cette manière que Jung parle des personnifications qui viennent à nous lorsque nous intériorisons le « Connais-toi toi-même[3] ». Durant cette période, au cours de laquelle la petite fille-colombe s'adresse à lui dans un rêve crucial, Jung découvre sa vocation, sa foi psychologique et un sens de la personnalité[4]. C'est à compter de ce moment qu'il innove en se faisant l'extraordinaire défenseur de la réalité de la psyché.

Nous avons passé en revue le « comment » et le « quand », examinons maintenant le « quoi » et le « qui ». Quel a été le contenu de ces premières visions et qui Jung a-t-il rencontré ? L'autobiographie raconte :

> « Pour appréhender les phantasmes, je partais souvent de la représentation d'une descente. Une certaine fois, je dus même faire plusieurs tentatives pour pénétrer dans la profondeur... Ce fut comme un voyage dans la lune ou comme une descente dans le vide [...] j'avais le sentiment d'être au pays des morts [...] j'aperçus deux personnages, un homme âgé avec une barbe blanche et une belle jeune fille. Je rassemblai tout mon courage et les abordai comme s'ils étaient des êtres réels. J'écoutai avec attention ce qu'ils me disaient[5]. »

Je cite ce passage en détail parce qu'il constitue la clé de la méthode : nous pouvons le considérer comme un manuel donnant les instructions à suivre.

Les personnages que Jung rencontre sont Élie, Salomé et un serpent noir. Peu après, Élie se transforme en Philémon, dont Jung dit :

> « Philémon était un païen qui amena à la surface une atmosphère mi-égyptienne, mi-hellénique de tonalité quelque peu gnostique... Philémon, ainsi que d'autres personnages de mon imagination, m'apportèrent la connaissance décisive qu'il existe dans l'âme des choses qui ne sont pas faites par le moi, mais qui se font d'elles-mêmes et qui ont leur vie propre[6]. »

Le cosmos engendré par Élie, Salomé, le serpent noir et Philémon – cette « atmosphère mi-égyptienne, mi-hellénique de tonalité quelque peu gnostique » – était précisément de nature à soutenir l'action de Jung. Je ne le dirai jamais assez : les personnages que Jung a d'abord rencontrés et qui l'ont convaincu de la réalité de leur être psychique en prolongeant jusqu'à lui des relations personnelles avec les puissances de la psyché, ces personnages sont issus du monde hellénistique et de sa croyance dans les *daïmôns*. (*Daïmôn* est l'orthographe grecque originelle désignant ces personnages qui sont ensuite devenus des *démons* à cause de la perspective chrétienne et des *daemons* pour se démarquer de cette vision.)

En descendant au « pays des morts », Jung voit ses ancêtres spirituels qui, à travers lui, introduisent

Le pandémonium des images

une nouvelle démonologie et une nouvelle angélologie.

« Connais-toi toi-même » à la manière de Jung signifie se familiariser avec ces *daïmôns*, s'ouvrir à eux et les écouter, c'est-à-dire les connaître et les percevoir. Il faut pour pénétrer dans notre histoire intérieure le même courage que pour commencer un roman. Nous devons engager une relation avec des personnes dont l'autonomie peut modifier radicalement, voire même dominer, nos pensées et nos sentiments, sans donner des ordres à ces personnes ni tomber complètement sous leur emprise. À la fois fictionnels et factuels, nous contribuons eux et nous à tisser un *mythos*, une intrigue, jusqu'à ce que la mort nous sépare. Il faut un courage exceptionnel pour se soumettre à cette région intermédiaire de la réalité psychique, où la prétendue sécurité des faits et la prétendue illusion de la fiction échangent leurs rôles.

Ne serait-ce que pour percevoir la nature radicale et bouleversante de l'entreprise de personnification de Jung – sur les plans théologique, épistémologique et ontologique –, permettez-moi simplement d'énoncer le jugement habituel concernant les *daïmôns* qui fait partie de notre psychologie religieuse occidentale. Que ce soit par l'Église romaine ou l'Église orthodoxe, l'Ancien ou le Nouveau Testament, le catholicisme ou le protestantisme : les *daïmôns* ne sont pas bien vus. Ils appartiennent au monde de Satan, du Chaos, de la Tentation. Les principaux théologiens chrétiens au fil des siècles se sont érigés contre eux, les associant au culte du serpent au centre de l'Europe chrétienne, et, d'après l'Évangile selon saint Mathieu[7], ils seraient sources de possession, de maladie et de magie.

Qui sont en réalité ces personnages pour apparaître à ce point menaçants ? Si nous regardons dans le monde avant le christianisme et au fur et à mesure de sa progression, d'abord avec Homère, avec Platon et les dramaturges, avec Plutarque, Plotin, Jamblique et enfin avec la Renaissance, les *daïmôns*[8] sont des personnages appartenant au royaume intermédiaire, ni tout à fait dieux transcendants ni vraiment humains dotés d'un corps, et il en existe de toutes sortes, bienfaisants, terrifiants, porteurs de messages, médiateurs, voix du conseil ou voix de la prudence (tels le *Daïmôn* de Socrate et Diotime). Éros lui-même était un *daïmôn*.

Mais la cristallisation dogmatique de notre culture religieuse a diabolisé les *daïmôns*. En tant qu'éléments fondamentaux du paganisme polythéiste, ils devaient voir leur existence niée par la théologie chrétienne qui projetait ses refoulements sur les *daïmôns*, en les appelant, eux, les forces du déni et de la négation. Ainsi la démarche de Jung, en s'intéressant directement aux images et aux personnages du royaume intermédiaire, est-elle hérétique et démoniaque. Son entrée dans le monde de l'imagination, imposée par ses visions et ses émotions, avait d'avance été jugée démoniaque dans notre langage religieux et désignée comme personnalité multiple ou schizophrénie par notre terminologie clinique. Pourtant, cette mobilisation radicale de l'imagination constitue la méthode jungienne du « Connais-toi toi-même ».

Située entre les deux orthodoxies de la religion théologique et du scientisme clinique, sa démarche a rétabli au sein de l'expérience le royaume intermédiaire qu'il devait appeler « réalité psychique ». Cette réalité psychique découverte par Jung comporte cinq personnages fictifs. Elle est de nature poétique, dramatique et littéraire. Le *métaxy* platonicien s'exprime à travers des fictions mythiques. L'activité fictionnelle de Freud apparaît déguisée dans ses histoires cliniques et ses théories cosmogoniques, alors que celle de Jung se manifeste ouvertement dans l'histoire de son propre cas clinique. Freud accède à l'imagination littéraire en écrivant sur d'autres personnes, Jung en s'envisageant lui-même comme « autre personne ». Nous apprenons de Freud que l'imagination littéraire est à l'œuvre au milieu des faits historiques. De Jung, nous apprenons qu'elle est active au cœur de nous-même. Les fictions poétiques et dramatiques sont ce qui peuple véritablement notre vie psychique. Notre vie de l'âme est vie de l'imagination.

La clé de la manière dont ce troisième royaume traditionnellement appelé « âme » peut être rétabli en lui par tout un chacun nous a déjà été donnée. Jung dit qu'il a traité les personnages rencontrés « comme s'ils étaient des êtres réels ». La clé est ce « comme si » : la réalité « comme si », métaphorique, ni littéralement réelle (hallucinations ou gens dans la rue), ni irréelle (« simples » fictions, projections que « je » fabrique comme faisant partie de « moi », illusions nées de l'autosuggestion). Au sein d'une conscience « comme si », ce sont des puissances dotées d'une voix, d'un corps, de mouvement, d'intellect, entièrement senties mais complètement imaginaires. Telle est la réalité psychique, qui se présente sous la forme de *daïmôns*. Grâce à ces réalités « daïmoniaques », Jung confirme l'autonomie de l'âme. Sa propre expérience a renoué le fil entre le royaume des *daïmôns* et celui de l'âme. Et, depuis lors, l'âme et les *daïmôns* ne vont plus l'un sans l'autre.

2. L'introspection

Considérons brièvement la question de l'introspection, afin de saisir avec précision en quoi l'approche jungienne du « Connais-toi toi-même » est radicale, non seulement sur le plan philosophique et théologique, mais aussi en tant qu'on peut y voir une nouvelle étape importante en psychologie.

Lorsque nous essayons vous et moi de nous connaître, comment nous y prenons-nous ? Nous pouvons interroger les autres. Nous pouvons faire des tests : tests projectifs de nos visions intérieures (Rorschach), inventaires de nos contenus psychologiques, tests comparatifs comme les tests d'intelligence, qui évaluent nos facultés et nos aptitudes par rapport à des critères établis à partir d'autres personnes. Nous pouvons nous souvenir, faire des associations remontant loin en arrière et au fond de nous pour accéder à ce qui a été oublié et refoulé. Nous pouvons considérer nos actes, et voir ce que nous avons fait de ce que nous avons traversé : c'est la biographie [9]. Nous pouvons délivrer notre « moi véritable » de notre moi quotidien en modifiant notre état de conscience, soit selon les manières suggérées par Platon dans ses quatre types de *mania*, soit grâce à des méthodes modernes de thérapie par la relaxation. Nous pouvons aimer : car, selon certains, seul le fait d'aimer rend notre soi visible et connaissable. (Ce dernier point implique qu'il est impossible de jamais se connaître entièrement, qu'on ne peut que se révéler ; on peut être connu, non connaître.)

Cette diversité de réponses laisse entrevoir les prémisses d'une psychologie archétypique, c'est-à-dire qu'il existe une multiplicité de réponses à toutes les catégories majeures et archétypiques de questions, selon le dieu et le mythème qui influence notre réponse, qu'il s'agisse du détachement apollinien, de l'abstraction saturnienne, d'un dieu d'amour ou de détente dionysienne, de faits héroïques ou d'objets fabriqués par Héphaïstos. Il semble qu'il n'y ait pas une manière unique de se connaître soi-même, même si la psychologie a montré une préférence pour la méthode d'introspection.

La fiction qui soigne

L'introspection est étroitement liée à l'histoire de la psychologie. Peut-être que la psychologie moderne est née de la tendance à l'introspection et constitue une manière d'objectiver et de systématiser la tentative pour observer de manière neutre la conscience. Nous pouvons déjà trouver les sources de l'introspection chez Platon : dans le *Ménon*, par exemple, ainsi que dans l'attitude de Socrate. L'introspection comme méthode apparaît dans les *Confessions* d'Augustin. C'est aussi le fondement de la psychologie philosophique moderne depuis l'*inspectio* de Descartes, puis chez Locke et Hume jusqu'à Husserl. Je laisse ici complètement de côté l'introspection religieuse des disciplines spirituelles, du piétisme, de l'examen de conscience et autres pratiques du même ordre.

L'introspection moderne comme méthode commence avec Karl Philipp Moritz (1756-93), qui a transformé la méthode piétiste d'observation de soi en une science des Lumières. La méthode aboutit aux travaux d'Oswald Kulpe et de l'école de Würzburg. Pour se connaître soi-même, pour connaître l'âme, on peut observer les associations qui surviennent dans l'âme, sa façon de vouloir et de se souvenir, de percevoir, de sentir, de goûter, d'être affectée, et en particulier son mode de réflexion, ses pures manières de penser sans images.

Pourtant, la grande banqueroute de cette méthode – et elle a échoué, sinon elle n'aurait pas cédé si facilement devant la théorie du comportement d'un côté et la psychanalyse de l'autre – est que l'introspection reste enfermée dans l'âme rationnelle. En définitive, elle n'échappe pas au solipsisme. Nous ne sortons jamais de nos sentiments, de nos pensées, de notre volonté et de nos souvenirs personnels. L'introspection s'en tient essentiellement à un examen des nuances de la conscience du moi. Et là où elle resurgit aujourd'hui, que ce soit chez Merleau-Ponty, chez Eugene Gendlin[10] ou chez Roger Poole[11], l'introspection reste une *inspectio* du moi cartésien. Ou, dans les termes mythologiques d'une psychologie archétypique, cette méthode est une mise en scène par le moi d'Apollon-Hélios.

Quid des profondeurs ? Pouvons-nous les examiner par un regard en surplomb et en plein soleil ? Dans ce cas, nous ne pouvons nous livrer qu'à une observation neutre et en plein jour, même lorsqu'elle s'efforce le plus d'atteindre les intuitions viscérales. C'est pourquoi les sentiments qui émergent apparaissent dans un langage conceptuel, à travers des mots comme angoisse, culpabilité, désespoir, hostilité : des abstractions dépouillées de toute dimension imagée. Une fois gommées les aspérités du corps réel idiopathique, il est exprimé en termes nomothétiques qui représentent ce corps. Ce subtil remplacement de sentiments réels par des sentiments conceptualisés, séchés au soleil apollinien, découle du processus cartésien d'introspection. Ne faut-il pas, comme le fait Jung, descendre en eux ? Lorsque vous ou moi sommes en proie à un état de confusion décisive, nous est-il possible de remonter jusqu'à l'origine du problème ? Pouvons-nous sonder par l'introspection le fond du désespoir ou la source de l'angoisse ? En regardant en nous-même, nos recherches n'aboutissent à rien.

Les écrivains savent qu'ils ne peuvent se livrer à l'introspection de leurs personnages. Les scènes leur viennent d'elles-mêmes et leurs personnages parlent, entrent et sortent. Bien que l'écrivain ne connaisse personne plus intimement que ses personnages, ils continuent de le surprendre par leur autonomie. De plus, ils ne se préoccupent pas du « moi » mais du monde qu'ils habitent et qui ne renvoie qu'indirectement à moi, qui les soumets à mon introspection. Se tourner vers l'imagination n'est pas un acte d'introspection : c'est une efficacité négative, une mise entre parenthèses volontaire de notre incrédulité à leur égard et de la croyance en nous comme à leur auteur. La relativisation de l'auteur – qui invente qui, qui écrit qui – va de pair avec le mode fictionnel : au cours de l'acte actif d'imagination, nous oscillons entre perdre le contrôle et parler à leur place. Mais l'introspection ne résout même pas ce problème, seul le fait de poursuivre dans la voie de la fiction est en mesure de le faire. L'introspection nous renvoie uniquement à la littéralité de la subjectivité. Nous avons pris la notion de subjectivité tellement au pied de la lettre que nous croyons maintenant en un sujet imaginaire au début de chaque phrase qui fait le travail, un sujet préfixant chaque verbe. Mais le travail est accompli par les verbes eux-mêmes : ce sont eux qui tissent la fiction, qui imaginent activement, pas moi. L'action est dans l'intrigue, inaccessible à l'introspection, et seuls les personnages savent ce qui se passe. Comme Philémon l'a enseigné à Jung : tu n'es pas l'auteur de la pièce de la psyché.

De plus, fait plus important encore que l'acte lui-même, « qui » effectue l'introspection ? N'est-ce pas encore et toujours le même « je » ? Comment celui qui se livre à l'introspection peut-il aussi en être l'objet ? Comment pouvons-nous relativiser l'observateur et descendre plus profond que le sujet qui essaie de connaître afin de découvrir une objectivité psychique qui ne soit pas déterminée par le « je » ?

Pour atteindre l'objectivité psychique, ce que Jung appelle la psyché objective, il nous faut tout d'abord des objets psychiques, des puissances qui entravent continuellement la voie du moi, tels les obstacles, les obsessions, les intrusions. C'est précisément en ces termes que Jung évoque les complexes comme des dieux qui contrarient notre volonté subjective[12].

Les complexes ne répondent pas à l'inquiétude, aux essaims de chercheurs, aux naturalistes armés de toutes sortes d'étiquettes. « The gentle folk » ([le petit peuple] ainsi que Jung nomme les complexes) se volatilise dès que notre attention se porte sur lui. De la même manière, on ne peut les trouver simplement par le lâcher-prise, comme s'il suffisait de s'allonger pour qu'ils surgissent. L'introspection par la détente, rapportée au corps, est toujours conçue à travers le langage de la volonté. (De plus, une image ou sensation du corps qui est une illustration de ce que nous éprouvons déjà consciemment n'est qu'une allégorie, elle correspond au même contenu connu appréhendé par un autre moyen.) Les complexes dans les profondeurs possèdent leur propre corps et leur propre volonté, qui ne sont pas liés au moi par des lois de compensation. Par conséquent, les thérapies humanistes n'accèdent jamais en deçà de l'humain en l'homme, et ne peuvent pas non plus délaisser sa subjectivité. Toute la démarche existentialiste du choix de l'homme qui revient à prendre une décision après s'être plongé en soi-même repose sur une introspection qui ne tient pas compte du « petit peuple ». Souvent, son point de vue n'est donné que lorsqu'il n'a nullement été demandé, à travers les châtiments venus du ciel ou les ingérences par-delà la conscience du moi. Est-ce que nous pouvons convoquer les anges ? Est-ce qu'ils obéissent au principe de compensation ?

Telle est peut-être la raison pour laquelle Nietzsche, Dilthey et Jung doutent chacun sérieusement de la valeur de l'introspection habituelle. Dilthey[13] affirme que l'introspection ne permettra jamais de comprendre la nature humaine, mais que l'Histoire le pourrait. Nietzsche écrit : « L'observation directe de soi est loin de suffire pour apprendre à se connaître : nous avons besoin de l'histoire, car le passé répand en nous ses mille vagues[14]. » Si nous traduisons l'« histoire » de Nietzsche et de Dilthey en « inconscient collectif », nous ne

Le pandémonium des images

sommes pas loin de la position de Jung concernant le « Connais-toi toi-même ».

« Connais-toi toi-même », ici, signifie connaître l'inconscience de l'Histoire, et en particulier la manière dont elle travaille dans le « je », la personne « objective » elle-même qui se livre à l'introspection. Tant que ce « je » est le moi historique, qui reflète inconsciemment l'Histoire dont il est fait et qu'il protégerait par sa continuité, tout ce que nous découvrons au cours de nos introspections sera modelé selon notre propre image historique. Je serai forcé de croire que tous les personnages que je rencontre font partie de « moi », sont des projections du « moi ». J'aurai raison d'estimer qu'il s'agit de purs fantômes, d'ombres portées de moi-même, et je m'en détournerais.

Mais, ce faisant, je manquerai cette ouverture au « Connais-toi toi-même » que ces images de moi-même-en-elles m'offrent : car elles sont, d'abord et avant tout, les ombres qui décrivent ma situation historique. Elles me donnent l'occasion d'identifier les mille vagues de l'Histoire (à l'instar du Siegfried de Jung et de ses images bibliques) qui déterminent vraiment ma conscience.

Il est de la toute première importance de reconnaître ici que ce « petit peuple » vient bel et bien du pays des morts. Pareils au Philémon et à la Salomé de Jung, il s'agit de personnages historiques légendaires, montrant la culture à l'œuvre dans les vagues de l'âme. Le pays des morts est le pays des ancêtres, et les images qui surgissent par surprise sont nos ancêtres. S'ils ne sont pas littéralement le sang et les gènes qui nous ont produits, ils sont les aïeuls historiques, ou les archétypes, de l'élément spirituel particulier en nous auquel ils transmettent la culture ancestrale.

Après cette reconnaissance des ancêtres – les images comme ancêtres –, vient l'expérience des *revendications* que les images m'adressent. C'est la phase morale de l'imagination. Par essence, la morale issue de l'imagination ne se trouve pas du tout dans mon jugement concernant le fait que les *daïmôns* que j'aperçois sont bons ou mauvais, ni non plus dans les applications possibles de l'imagination (comment j'intègre ce que j'apprends des images dans les actes de l'existence). Cette morale consiste plutôt à identifier religieusement les images en tant que puissances émettant des revendications. Jung mentionne cette question éthique dans le chapitre que nous avons déjà cité. Il dit :

> « Je mis le plus grand soin à comprendre chaque image... et, surtout, à [les] réaliser dans la vie. Car c'est cela que l'on néglige le plus souvent. On laisse à la rigueur monter et émerger les images, on s'extasie peut-être à leur propos, mais, le plus souvent, on en reste là. On ne se donne pas la peine [...] d'en tirer les conséquences éthiques... Même celui qui acquiert une certaine compréhension des images [...], mais qui croit qu'il lui suffit de s'en tenir à ce savoir est victime d'une grave erreur... [Il faut ressentir] dans ses connaissances la responsabilité éthique qu'elles comportent... Les images [...] imposent à l'homme une lourde responsabilité[15]. »

Le pandémonium des images

Ici, Jung attribue le moment moral au moi qui réagit, tandis que, pour ma part, je psychologiserais davantage la question, demandant même pourquoi la question morale surgit dans son esprit après la rencontre avec les images. Peut-être que la préoccupation morale résulte de la rencontre elle-même, c'est pourquoi elle fait son apparition à ce moment-là dans le récit de Jung[16]. En même temps que ces personnages imaginaux amènent un sens du destin intérieur, ils s'accompagnent aussi d'une conscience de la nécessité interne et de ses limites. Nous nous sentons responsables envers eux et pour eux. Une bienveillance mutuelle enveloppe la relation, ou, pour décrire la situation dans les termes de l'antiquité : les *daïmôns* sont aussi nos gardiens spirituels. Nos images nous protègent, tout comme nous les protégeons.

De l'extérieur, l'apparition des *daïmôns* semble suggérer une relativité éthique : un paradis d'occasions de séduction et d'aventures. Mais cette vision imaginaire de relativité éthique révèle une conscience qui n'a pas encore accédé au monde imaginal, qui ne se connaît pas elle-même de l'intérieur de ses images. En d'autres termes, la question de la relativité éthique soulevée chaque fois que l'on parle d'un « pandémonium des images » et d'une pluralité de dieux trouve sa réponse dans le dévouement que les images exigent. Ce sont elles – pas nous – qui demandent la fabrication méticuleuse d'idoles ornées de pierreries ; elles encore qui appellent les dévotions rituelles, qui insistent pour être consultées avant que nous agissions. Les images sont la source impérieuse de la morale et de la religion, et aussi l'application consciencieuse de l'art. Et, de la même manière que nous ne les inventons pas, nous n'inventons pas non plus les réactions qu'elles suscitent, mais elles nous « enseignent » ces réactions comme instances morales. C'est lorsque nous renonçons aux images que nous devenons moralisateurs, comme si la morale contenue dans les images se transformait en une culpabilité dissociée et flottante, une conscience sans visage.

Lorsqu'une image est comprise – pleinement imaginée comme être vivant autre que moi-même –, elle devient alors un *psychopompos*, un guide avec une âme ayant ses propres limites et sa propre nécessité. Il s'agit de cette image et de nulle autre, si bien que les questions conceptuelles de pluralisme moral et de relativité s'évanouissent devant l'engagement réel avec cette image. Le prétendu pandémonium créateur de l'imagination débordante se limite à l'apparition phénoménale d'une image particulière, l'image spécifique qui est venue à moi lourde de sens et d'intention, un ange nécessaire qui apparaît sur-le-champ et qui enseigne à la main comment le représenter, à l'oreille comment entendre et au cœur comment répondre. Ainsi, à travers cet engagement, est révélée une *morale de l'image*. La morale psychologique qui découle du monde imaginal n'est plus une « nouvelle éthique » d'intégration de l'ombre grâce au bon vieux moi kantien et

Le pandémonium des images

à son combat héroïque contre des dualismes abstraits. Le moi n'est plus le lieu où loge la morale, une position philosophique qui avait ravi la morale à l'imagination, en la diabolisant par là. Au lieu de quoi c'est le *daïmôn* qui est notre précepteur, notre *spiritus rector*.

Ici, Carl Gustav Jung et Élie-Philémon refont leur entrée. Comme on le lit dans l'autobiographie :

> « En imagination, j'eus avec lui [Philémon] des conversations et il dit des choses que je n'aurais pas pensées consciemment... Il m'expliqua que je procédais avec les pensées comme si je les avais créées moi-même, alors qu'à son avis elles [étaient]... tels des animaux dans la forêt, des hommes dans une pièce ou des oiseaux dans les airs... C'est de la sorte qu'il m'apprit petit à petit l'objectivité psychique, "la réalité de l'âme"[17]. »

Cette méthode d'imagination active que Jung a inaugurée en psychologie moderne est une réponse à la question classique de l'introspection à un niveau tellement profond que cela modifie l'image de l'être humain, de la psyché, et de la signification fondamentale du « Connais-toi toi-même ». Avant Freud, cela revenait en psychologie à connaître la conscience du moi et ses fonctions. Puis, avec Freud, « Connais-toi toi-même » en est venu à signifier connaître son existence personnelle passée, se remémorer toute sa vie. Mais, après Jung, cela désigne une connaissance archétypique, une connaissance des *daïmôns*. Il s'agit d'être familiarisé avec une foule de personnages psychiques issus de différents contextes géographiques, historiques et culturels, mille vagues au-delà de mon identité personnelle. Après Jung, je ne peux prétendre me connaître moi-même sans connaître les archétypes – Jung dit : « Les concevoir sous figure de *daimonia*... correspond parfaitement à leur nature [18]. » Et je rencontre ces créatures particulières à la fois en tant qu'images dans l'imagination et comme schèmes archétypiques évoluant au sein de ma conscience.

3. L'attaque de Jaspers contre la démonologie

Nous faisons maintenant appel à Karl Jaspers pour une charge critique contre la démonologie. Nous donnons la parole à l'adversaire, car cet écart entre Jaspers et Jung fera apparaître la grande différence entre la part spirituelle et l'âme [19], entre philosophie et psychologie, monisme et polycentrisme, abstraction et personnification, entre le littéral et le littéraire, l'humanisme existentiel et la psychologie archétypique, entre le moi et l'*anima*. En lisant Jaspers, je vous demande de garder à l'esprit la méthode jungienne de conversation avec ses personnes intérieures, ainsi que nos expériences individuelles d'imagination active, nos voyages intérieurs, nos rêves. Jaspers écrit :

> « Nous appelons démonologie une conception par quoi, avec une conviction immédiate, on croit voir

Le pandémonium des images

l'être dans des puissances manifestes, dans des forces efficaces – constructives et destructives – dans des démons – bienveillants ou hostiles – dans un grand nombre de dieux – et qui fait de cette vision une pensée et une doctrine. Le bien comme le mal ont dès lors un caractère religieux, et toute chose se trouve exaltée, parce qu'on aperçoit en même temps qu'elle de sombres profondeurs qui s'expriment en images... ; elle [cette immanence] est considérée [...] comme une transcendance immanente [...] scindée nécessairement en puissances multiples[20]. »

Jaspers trouve que la démonologie est appropriée au mythe et au monde classique. Mais lorsque le dieu transcendant est apparu comme alternative, alors « la démonologie disparut, ou bien elle fut placée sous contrôle » (p. 165). Ainsi, faire renaître « la pensée mythique » au sein du monde actuel est une illusion, car « il n'y a pas de démons » (*ibid.*). Il passe en revue Goethe puis Kierkegaard, résumant sa critique à travers les six points suivants (p. 173-7) : la démonologie moderne (1) « [manque] la transcendance » parce que « les dieux eux-mêmes ne sont rien de plus que le monde », (2) « l'individu isolé perd sa valeur irremplaçable » ; (3) « on n'acquiert pas le rapport à l'un [...] on se disperse... ; l'homme se désagrège en s'abandonnant à ses diverses possibilités... ; tout peut se justifier » ; (4) « La démonologie reste prisonnière de la nature... ; elle fait perdre à l'homme sa conscience de soi au bénéfice de la nature » ; (5) « La démonologie moderne se ramène à une attitude esthétique... L'homme n'a plus besoin de

La fiction qui soigne

s'engager, parce que, dans chaque situation nouvelle, il dispose de la fausse grandeur des images esthétiques » ; enfin, point crucial : (6) « la démonologie déploie un plan intermédiaire qui n'est ni réalité empirique ni réalité transcendante [...] ; tout ce qui n'est ni réalité du monde (en tant que fait contrôlable) ni Dieu, est duperie et illusion... Il y a Dieu et le monde, et rien entre eux deux ».

J'ai laissé à Jaspers le soin de mener sa charge contre les *daïmôns*, mais j'aurais pu tout aussi bien le demander à Karl Barth, qui décrit les *daïmôns* comme des puissances du chaos et des forces négatives qui mentent et nient ; depuis « le triomphe de Jésus Christ sur les *daemons*, ils n'ont plus rien à dire (*nichts zu melden*)[21] ». Ou à Teilhard de Chardin : « ... L'Un s'est associé dans la bataille à [...] cette multiplicité inexistante qui se tient en opposition au Un par une attitude rebelle de contradiction. Créer c'est condenser, concentrer, organiser, unifier[22]. »

Pour Jaspers, Barth et Teilhard, les *daïmôns* sont un pandémonium : ils sont par nature multiples (comme les éclairs de conscience dans nos complexes)[23]. Et bien qu'ils soient « inexistants » et qu'ils n'aient « rien à dire », ils contredisent et exigent qu'on lutte contre eux. Ce combat est un combat contre la force de multiplicité. La diversité humaine interne, qui rend possibles nos conflits intérieurs et la différenciation du soi, les complexités du « Connais-toi toi-même » – ou, selon le point de vue de Jung, l'individuation – est selon eux diabolique.

Le pandémonium des images

Le fait d'imaginer les *daïmôns* comme des contradicteurs soulève la question de leur capacité à parler. Cette question était déjà présente dans l'esprit des classiques et des chrétiens [24] ; par ailleurs, s'ils peuvent s'exprimer, dans quelle langue le font-ils ? Plotin (*IVe Ennéade*, 3, 18) considère que les *daïmôns* et les âmes sont peut-être bien doués de parole. Mais l'une des façons dont les écrivains chrétiens ont sapé la puissance du polythéisme a été de nier la puissance du verbe (le *logos*) des voix intérieures. Le seul véritable *logos* est le Christ. S'ouvrir aux voix intérieures, c'est livrer passage aux puissances des ténèbres, aux *daïmôns* de la religion antique, du polythéisme et de l'hérésie [25].

Vous voyez donc qu'une introspection, qui suit la voie de l'imagination en écoutant les images intérieures et en leur parlant, signifie rencontrer les *daïmôns*. Par conséquent, la psychologie des profondeurs est en définitive forcée de se confronter à cet énorme ogre théologique, la démonologie, comme Jaspers l'a parfaitement compris.

Le fait de nier les *daïmôns* et leurs exorcismes fait partie intégrante de la psychologie chrétienne, laissant à la psyché occidentale peu de moyens de reconnaître la réalité des *daïmôns* en dehors des hallucinations de la folie. En refusant la possibilité même d'une pluralité de voix – excepté celle du diable –, tous les *daïmôns* deviennent démoniaques et anti-chrétiens dans leur message et dans leur multiplicité même. Il est clair que l'introspection classique n'a pas pu aller bien loin ni sortir du moi. Le déroulement de l'introspection et ses limites étaient fixés par une conscience attachée à l'unité. Entendre les voix des profondeurs, c'est non seulement braver la tradition chrétienne, mais aussi convoquer ce qui avait été déclaré le Diable, l'Enfer et la folie. (De nouveau, le cas de Jung en témoigne.)

De nos jours, nous appelons « contrôle mental » la surveillance interne de la psyché par un *inspectio* devenu inspecteur général. Nous commençons à apercevoir les stupéfiantes conséquences de la négation des *daïmôns* : la psyché se retrouve privée de toutes les personnes sauf le moi, le contrôleur, qui devient le surmoi. Nulle vision, nulle image, nul sentiment spontanés ne peuvent être indépendants de ce moi unifié. Tout événement psychique devient « mien ». « Connais-toi *toi*-même » devient « connais le *moi* ». Cependant, ce que Philémon a enseigné à Jung, c'est qu'il y a des choses dans la psyché qui ne sont pas plus « miennes » que « des animaux dans la forêt... ou des oiseaux dans les airs ». De plus, sans les images, la perspective imaginaire elle-même s'évanouit, renforçant encore la littéralité du moi. Par suite, il n'est pas étonnant que la tradition chrétienne ait continué à blâmer pour péché d'orgueil ce même moi qu'elle avait contribué à produire et l'ait châtié par l'humilité. Ayant été refoulées, les images qui auraient pu enseigner au moi ses limites, comme Philémon à Jung, ne reviennent que sous la forme d'illusions archéty-

Le pandémonium des images

piques au milieu de la conscience subjective elle-même. Le moi devient diabolique. Il est convaincu de sa propre puissance.

En reprenant les six critiques de Jaspers, essayons, non pas de les réfuter, mais de voir ce qu'elles visent. Essayons d'établir quel facteur archétypique il attaque, parce que cet archétype serait insupportable à la perspective qui domine son point de vue. Révéler cet arrière-plan nous permettra de comprendre ses critiques sous un jour très différent, et même de les réévaluer en faveur de Jung.

Premièrement : la démonologie de l'imagination active « [manque] la transcendance » parce que le « Connais-toi toi-même » – le but de toute psychologie, toutes écoles confondues – est de connaître l'immanence, les mondes décelables au sein du comportement visible et en deçà. Les dieux sont dans le monde, pas au-delà. La transcendance est langage spirituel ; l'immanence est langage psychologique, ou de l'âme[26].

Deuxièmement : « l'individu isolé perd sa valeur irremplaçable », parce que la psychologie de Jung s'intéresse moins à la personnalité comme individualisme qu'à l'individuation comme processus psychique *impersonnel* qui est l'instance ultime décidant de la valeur. La valeur provient non pas de l'humain comme dans l'humanisme mais de ce qui est à l'arrière-plan en l'homme : l'âme, l'*anima*. La psychologie est centrée autour de l'âme, non autour de l'homme comme dans l'humanisme existentiel.

La fiction qui soigne

Troisièmement : « on n'acquiert pas le rapport à l'un... ». Jung n'a pas manqué d'étudier longuement la « relation au un », mais sans chercher à l'imposer de force, sans renoncer à la pluralité et à la multiplicité au nom d'une unité arbitraire et abstraite[27]. La totalité et la complétude ne correspondent pas seulement à l'unité mais à une série d'oppositions tout à fait spécifiques. Selon Jung, l'individuation est un processus qui différencie, qui distingue et identifie la multitude de complexes, de voix et de personnes qui composent chacun de nous.

Quatrièmement : « La démonologie reste prisonnière de la nature ». Oui, acquiesce Jung, telle est exactement l'intention de l'imagination active : replonger l'homme moderne dans la nature, car c'est cela qu'il a perdu – la réaction archaïque, instinctive. Et cette réaction de la nature apparaît comme l'image archétypique, car les archétypes sont aussi des instincts. Là où Jaspers sépare transcendance et nature, Jung maintient la nature instinctive comme le lieu même des archétypes transcendants. Jung dit : « Le vieil homme sage est en réalité un singe. »

Cinquièmement : « La démonologie moderne se ramène à une attitude esthétique ». De nouveau, Jung est d'accord pour condamner l'attitude esthétique, en particulier dans la confrontation avec les images[28]. Mais il va plus loin en interrogeant psychologiquement cette « attitude », en découvrant qu'elle dissimule les mille et une ruses et risettes charmantes de l'*anima*. Cela signifie que l'esthétisme relève de l'âme. Si nous en croyons Jaspers, cette attitude esthétique devient démoniaque ; si nous en croyons Jung, nous pouvons reconnaître la personne au sein de l'esthétisme, la maintenir à l'intérieur de l'opus psychologique en lui accordant une valeur et quelque chose à faire (peinture, écriture, moulage) pour mettre en forme l'imagination. À l'évidence, les deuxième, quatrième et cinquième critiques visent l'*anima*.

Sixièmement : la démonologie instaure un intermédiaire ni empirique ni transcendant ; cela, ainsi que la disjonction soit/soit de Jaspers (« Il y a Dieu et le monde, et rien entre eux deux »), requiert un examen plus approfondi.

Jaspers tient au système des deux mondes[29] : part spirituelle et matière, philosophie et science, Dieu et la nature, le sacré et le profane, l'intellect et le corps – peu importe votre manière de vous y référer. La solution intermédiaire qu'il ne peut admettre est le troisième royaume de la tradition platonicienne auquel Jung tient aussi et sur lequel repose l'ensemble de sa pensée et de sa vie. Jung l'appelle « *esse in anima* », être dans l'âme, une ontologie de l'âme. Ce troisième royaume sert à la fois d'intermédiaire entre les deux mondes de Jaspers et maintient la distinction entre eux[30]. Ici, Jaspers reconnaît que notre adhésion aux *daïmôns* affirme la réalité psychique, un mode « comme si » qui est à la fois semblable aux perspectives empirique et métaphysique et différent, et qui offre une façon de relier les deux en termes d'âme.

Pour le dire autrement, Jaspers fait la démonstration à notre place, bien qu'il en tire une conclusion opposée. En adoptant la position transcendante du monothéisme protestant, sans rien entre Dieu et le monde, il est contraint de nier la réalité psychique des *daïmôns*. Il ne sort jamais de la perspective archétypique de la philosophie qui adhère à l'unité cohérente. Sa conception élevée de l'homme affirme le moi reflétant cette unité transcendante et entraîne une inflation du moi qui n'a pas la possibilité de concevoir la multiplication autrement que comme morcellement. Jaspers voit bien les dangers de la démonologie, mais non son potentiel susceptible de délivrer l'âme de son histoire dominée par le moi. Puisque Jaspers traite le sujet d'un point de vue métaphysique, dans le langage des verbes d'« existence » (« est-ce que les *daïmôns* existent ou non ? »), tout se ramène pour lui à une question de substance et d'être. Si le même sujet était abordé sous l'angle psychologique, les *daïmôns* seraient d'abord considérés comme des expériences, des perspectives personnifiées face aux événements, et la démonologie vue comme une manière d'imaginer. Mais une telle approche du point de vue psychologique nécessite de prendre conscience de l'image et de l'*anima*.

L'*anima* est la véritable cible de sa charge. Sa critique de la démonologie est plus fondamentalement un assaut contre la réalité psychique, *esse in anima*, l'élément *anima* qui esthétise, qui personnifie, qui nous maintient « [prisonniers] de la nature » et ne veut pas s'élever jusqu'à la transcendance, qui clame que l'âme est aussi irremplaçable que l'homme et qui refuse la dichotomie soit/soit qui anéantirait son lieu ambigu d'être.

Exclu de sa pensée existentielle, l'élément *anima* revient dans l'existence même de Jaspers sous forme d'irritation et de mauvaise humeur dans le même ouvrage (p. 161) : Cette démonologie est « extraordinairement difficile à saisir..., [car il s'agit de] quelque chose de confus, qui se transforme sans cesse, change d'aspects ».

Ici, notre adversaire s'est fait prendre par *anima mercurii*, l'âme mercurienne que Jung compare à Protée[31], la « divinité » favorite à l'époque où la Renaissance effectue un retour à l'âme et à ses images.

Je n'en ai pas tout à fait fini avec la question Jaspers. Il n'est pas aisé d'en sortir, car sa position condense les arguments philosophiques, théologiques et humanistes-existentiels contre l'œuvre accomplie par Jung.

Cette œuvre n'est pas une façon volontaire de ressusciter les mythes[32] et les *daïmôns*, ni un acte d'hérésie, de politique mystique ou de théurgie magique, comme la critique de Jaspers le suggère. Si Jung s'est occupé des *daïmôns*, c'est plutôt poussé par la nécessité de son destin faisant irruption à travers une crise psychopathologique. Curieusement, la psychopathologie est un domaine que Jaspers aura durablement marqué de son empreinte avec une œuvre profonde et brillante. Mais il a rapidement abandonné ce terrain. Je pense que nous pouvons voir là la raison de ce changement de cap et de la haine de Jaspers pour la psychanalyse, dont il a dit un jour : « le diable s'est à tel point emparé de cela... que, à mon avis, tout médecin qui suit cette voie le fait au péril de sa vie[33] ». Le médecin qui choisirait de rester avec la psychopathologie du patient devrait sonder les profondeurs où Jaspers refuse de s'aventurer. Sa métaphysique lui interdit tout troisième lieu équivoque. Il ne pouvait pas devenir, à l'instar de Jung, un « homme daïmonique ». Car la psychopathologie est une description, en langage fonctionnel, des mêmes phénomènes que la démonologie traite dans le langage des contenus personnifiés.

Jung formule ainsi sa position concernant la psychopathologie :

> « Toute masse de libido scindée, c'est-à-dire tout complexe, a ou est personnalité (fragmentaire)... quand on va au fond des choses on s'aperçoit qu'il s'agit de formations archétypiques. Aucun argument définitif ne s'oppose à l'hypothèse que les figures archétypiques posséderaient a priori leur caractère de personnalité, qui ne serait par conséquent pas secondaire. Car, dans la mesure où ils ne représentent pas uniquement des relations fonctionnelles, les archétypes se manifestent sous la forme de δαίμονες, d'agentia personnels[34]. »

Ce sont ces agentia personnifiés de l'imagination – ce que l'art de la mémoire appelle *imagines agentes*[35] – qui composent l'histoire de chaque cas.

Le pandémonium des images

La vie de ces *daïmôns* est notre psychodynamisme et notre psychopathologie. (Et, comme le suggère l'ambivalence du terme lui-même, les démons sont aussi des *daïmôns*.) Ces personnages sont la voie par laquelle toute transcendance devient immanente. En tant que personnages de la réalité psychique, ils nous guident au sein de cette réalité afin d'éviter que nous nous fiions aux indications du naturalisme empirique ou du transcendantalisme spirituel. Ni théoriciens du comportement ni gourous. Grâce à eux, nous nous en tenons aux mythes que nous jouons, et ils nous procurent sans cesse des occasions de voir où Satan est vraiment à l'œuvre – comme Kathleen Raine l'a montré dans son étude sur Blake. Satan opère à travers son subordonné, le moi qui choisit (à même de faire la distinction démon/*daïmôns*), que ce moi revête la cape noire du moralisme, le simple bleu de travail du marxisme ou le sobre costume de tweed du positivisme, de la théorie du comportement et de l'humanisme.

Jung revient sur les *daïmôns* dans les « Pensées tardives » de son autobiographie. Il explique sa préférence pour le terme « inconscient », tout en « sachant parfaitement que je pourrais aussi bien parler de "Dieu" ou de "démon"... c'est en pleine conscience que "*mana*", "démon", "Dieu", sont synonymes d'inconscient, car nous savons des premiers exactement tout autant ou tout aussi peu que du premier ». Il dit que le mot « inconscient » est « scientifique » et « rationnel », « neutre » et

La fiction qui soigne

« banal », alors que l'utilisation d'un langage « mythique » « se [montre] d'un grand secours à l'imagination ». Pour Jung, la différence essentielle entre les désignations rationnelle et mythique est celle qui existe entre la « banal[ité] » et la « qualité... du numineux ». Mais faut-il tracer la limite de cette manière, et, après tout, y a-t-il vraiment besoin de limite ? N'est-ce pas une manière d'instaurer par là des frontières qui délimitent des terrains opposés et nécessitent des traductions de l'un à l'autre ? Faut-il que l'imagination mythique soit à ce point numineuse et la science conceptuelle tout à fait banale ?

À mon sens, les *daïmôns* et l'inconscient sont tous deux des manières d'imaginer, d'écrire de la fiction, et tous deux possèdent leur efficacité curative, selon le cas. L'imagination est à l'œuvre dans les banalités et le langage quotidien « dépourvu d'imagination », pour peu que nous entendions en lui ses images ou que notre regard se fasse imaginatif. Une vision romantique de l'Imagination produit une inflation, c'est pourquoi il nous faut la sobriété de la Science pour nous ramener du numineux au banal. Cependant, si nous laissons l'imagination déborder hors de ses frontières exotiques, étendant sa définition jusqu'à ce qu'elle soit assimilée à l'aspect inconscient omniprésent dans toutes choses, alors l'« approche... sans passion » que permet un terme scientifique comme « inconscient » n'est pas la seule manière d'objectiver l'imagination. L'imagination mythique en est une autre, comme Jung l'expose dans le même passage :

Le pandémonium des images

« Le grand avantage [de] "démon" et "Dieu" consiste en ce qu'ils permettent une bien meilleure objectivation du *vis-à-vis**, soit la *personnification* de celui-là. Leurs qualités émotionnelles leur confèrent vie et efficacité. Haine et amour, crainte et vénération surgissent sur le théâtre de la confrontation et la dramatisent au suprême degré. Ainsi, ce qui était simplement "exposé" devient "agi". »

En produisant des personnes, des images et des voix, la manière daïmonique objective tout en revendiquant une participation émotionnelle. Alors, nous ne sommes plus simplement le public dans un théâtre (comme nous l'avons examiné ci-dessus dans la partie « Rêve, drame et Dionysos »), Penthée en haut de son arbre, ou présent dans la fiction en tant qu'observateur neutre et ordinaire. Les personnifications nous révèlent juste les faits, de façon tout à fait objective, exactement comme les faits aspirent à se présenter avec leur voix propre.

4. Défense de l'image ou iconoclasme

Revenons en arrière, bien avant Jung et Jaspers, à Nicée au cours de l'automne de l'année 787, lors du dernier concile œcuménique au grand complet rassemblant en Bithynie byzantine quelque trois cents évêques et leurs représentants des Églises catholique et orthodoxe. Là, une distinction fut soigneusement établie concernant la nature des images et la relation adéquate à entretenir avec elles.

La fiction qui soigne

Vous vous souvenez que la charge de Jaspers contre la démonologie contient cette phrase : « Nous appelons démonologie une conception par quoi, avec une conviction immédiate, on croit voir l'être dans des puissances manifestes [...] dans un grand nombre de dieux... [et] on aperçoit en même temps qu'[eux] de sombres profondeurs qui s'expriment en images ».

Vous vous souvenez aussi que c'est exactement ce que Jung fait : il plonge son regard dans les profondeurs obscures, y descend, trouve son nouvel être, le Jung post-freudien du « *esse in anima* », et que tout cela découle de son choix de se tourner directement vers les images.

Ainsi, afin de saisir la profondeur de la différence entre Jaspers et Jung comme protagonistes de deux *Weltanschauungen*, nous revenons à Nicée, en 787, date à laquelle la grande querelle des images atteint un point critique[36]. Cette querelle resurgit tout au long de l'histoire avec la Bible, Mahomet, Cromwell, mais aussi au Concile de Trente. Peut-être qu'elle refait surface dans la peinture moderne. Elle oppose les iconoclastes aux défenseurs de l'image, ou idolâtres, selon la dénomination que les iconoclastes donnent à leurs adversaires.

La charge iconoclaste contre les images – qui incarne parfaitement le combat de la part spirituelle contre l'âme – ne passe pas seulement par la destruction concrète des statues, par le fait de brûler les autels et de dégrader les icônes. Nous avons gardé l'habitude iconoclaste de détruire les images,

Le pandémonium des images

dans les domaines de la religion et de la littérature à travers l'allégorie et dans le domaine psychologique à travers l'interprétation conceptuelle. (Ce chaton dans ton rêve représente ta fonction sensitive, ce chien ton désir sexuel ; ce long serpent enroulé dans le coin est ton inconscient, ou ta mère, ou ton angoisse.) Ainsi, nous tuons l'image et la remplissons de concepts ou bien elle s'évanouit, devenant une abstraction.

En guise de note de bas de page à ce concile et à mon idée que la lutte entre iconoclasme et défense des images oppose la part spirituelle à l'âme, nous constatons que la délimitation des camps à l'époque suit une distinction masculin/féminin. Ce sont surtout l'armée, les soldats byzantins, qui détruisent les effigies populaires dans les villages, tandis que les villageoises s'en prennent aux soldats. (À propos, il paraît que la « première statue attestée du Christ » fut érigée par la femme affligée d'une perte de sang, Matthieu, IX, 20-22[37].) L'image de Marie en particulier est au cœur de la dispute, et c'est à l'impératrice Irène que l'on doit la convocation du concile en faveur des défenseurs des images.

En lisant les canons de ce concile[38], on constate que le débat entre masculin et féminin, dimension spirituelle et âme, est mené jusque dans les moindres détails, comme la séparation rigoureuse des religieux et religieuses (interdiction de chanter des chants « sataniques » à table, de manger ensemble) : canons 17 à 22. Aussi bien, il y a des

La fiction qui soigne

mesures contre ce que nous pourrions appeler l'*anima* esthétique : interdiction des « vêtements voyants », des « ornements colorés » ou « en soie de couleur gaie » sur les bordures des vêtements sacerdotaux : canon 16. Il s'agit de la même volonté spirituelle, abstraite et réformatrice de sobriété, bien avant notre Réforme occidentale, mais au nom des mêmes principes : la guerre contre les images, l'imagination, l'*anima*.

Bien que les livres d'histoires concluent à la victoire des défenseurs des images à ce concile, je pense qu'une lecture psychologique plus précise montre que l'iconoclasme a triomphé. À Nicée, une distinction subtile a été établie entre l'*adoration* des images (idolâtrie) et la *vénération* des images[39]. Les huit déclarations soulignent la distinction entre l'image en tant que telle, dotée de toute la puissance divine, et l'image qui représente ou désigne cette puissance. Le concile conclut que le divin n'est en aucun cas inhérent à l'image, les images ne sont pas dépositaires de la puissance, leur utilité découlant plutôt de visées didactiques. Elle ne sont ni présence ni présentation, mais représentation, illustration et allégorie, servant à rappeler aux fidèles la figuration théologique abstraite qui transcende l'image[40].

Est aussi stipulé le type de figuration susceptible d'être mis en image : les scènes dont nous avons l'habitude dans l'iconographie chrétienne traditionnelle. Ce que Jung appelle « formation individuelle de symbole[41] » est rejeté.

Le pandémonium des images

L'un des arguments des défenseurs des images explique ceci : le Christ lui-même était un iconographe, dont la nature exigeait qu'il se fasse chair et prenne une forme visible. Ce qui entraîne que tout véritable office chrétien doit aussi servir l'image. Les images sont des effets de leurs causes co-relatives, et elles ont des effets en vertu de ces causes. La co-relation implique la simultanéité ; la cause et l'effet sont tous les deux présents ensemble au même moment : l'archétype est *dans* l'image. Ainsi, « qui détruit l'effet détruit la cause [42] ». Nul ne peut détruire une image sans en même temps anéantir un archétype : en l'occurrence, le Christ lui-même !

En dehors des nombreux débats secondaires qui ont focalisé l'attention au cours de cette bataille au sujet des images, un peu de recul nous permet de saisir que la lutte principale oppose une théologie spirituelle littérale et une psychologie imaginative. Telle est du moins l'une des manières d'en décrire l'enjeu. Les iconoclastes envisagent l'image comme consubstantielle sous tous ses aspects à son archétype. L'image représentant le Christ est complètement identique à la substance du Christ. Non seulement cela est impossible, arguent-ils, puisque le Christ ne peut pas être circonscrit (sauf dans sa nature humaine et charnelle), mais c'est en outre insupportable, puisque cela revient à dire que Dieu est réellement et entièrement présent dans l'icône. Comme le fait remarquer Sheldon-Williams, les iconoclastes établissent l'identité de l'image et du prototype en pensant à travers la catégorie de la *substance*. Les défenseurs des images, pour leur part, conçoivent la relation en termes d'analogie, pensant à travers la catégorie de la *qualité*. L'image du Christ est sous tous ses aspects semblable au Christ visible, historique, et similaire du point de vue qualitatif, bien qu'elle ne soit bien entendu pas la même que ce Christ du point de vue de la substance.

Les iconoclastes ont beau accuser leurs adversaires de littéralité, d'idolâtrie primitive et païenne, parce que ceux-ci honorent des statues, la véritable littéralité réside toujours au même endroit, non dans l'objet d'un culte mais dans l'intellect de celui qui adore. La pensée métaphysique et la pensée physique se ressemblent comme deux gouttes d'eau : l'une abstraite, l'autre concrète, semblables dans leur incapacité à saisir la manière analogique et métaphorique de l'âme.

Ainsi, la querelle des iconoclastes porte moins en définitive sur la nature des images que sur la question de notre relation à elles. Ici, nous pouvons en revenir à saint Jean Damascène (vers 675-749)[43], qui le premier a élaboré une défense sérieuse des images. Il ne faut pas aborder l'image avec *latria*, ce type d'adoration qu'on doit à la puissance suprême invisible comme objet de religion (Jean Damascène, point III). Ou bien, dans notre langage, nous pourrions dire : n'aborde pas les images avec une attitude spirituelle ; tourne-toi plutôt vers elles avec *dulia*, une attitude de service religieux. Telles sont la prévenance psychologique et l'observation attentive appropriées à l'icône d'un saint ou d'un ange, d'un lieu, d'un objet ou d'un livre sacrés. La *latria* vis-à-vis d'une statue est idolâtrie – comme l'indique le mot lui-même. Mais ce n'est pas l'image qui est idole, c'est la *latria* qui la rend telle.

Pour la psychologie, la puissance curative de l'image ne consiste pas dans un effet littéral et magique : si ton oreille te fait mal, peins-la ou suspends-en une copie en étain à un tombeau. Ce serait une attitude *latria*, une idolâtrie de la partie morbide, l'oreille comme idole. Ici, la *latria* suppose une relation de correspondance terme à terme entre l'oreille et l'image, sans les implications connotées par l'oreille, une oreille sourde à ses propres métaphores. (À cet égard, la médecine est pareille à la magie : totalement littérale, elle idolâtre la partie malade.) L'acte de peindre l'image ou de converser avec elle dans un poème est une attitude de *dulia*, un office rendu *à l'image* (non à l'oreille), même si c'est la douleur qui nous pousse. Le travail des images s'adresse à l'imagination et se fait à travers elle : par conséquent, si la guérison survient, elle passe par le royaume intermédiaire de la psyché, elle soigne le corps imaginal et l'oreille moyenne de l'imagination. Ce type de processus de guérison au moyen du travail des images dépend d'un sens fictionnel : nous participons avec empressement à un office religieux (*dulia*) au sein d'une réalité imaginée. L'intention primordiale dans le travail des images est de guérir l'image (plutôt que l'oreille).

Ainsi la guérison, si elle survient, s'applique avant tout à notre sens fictionnel, confère un sens fictionnel à nos maux eux-mêmes. Il faut prendre soin de l'imagination elle-même, car il se pourrait qu'elle soit la source desdits maux.

La *latria*, et donc l'idolâtrie, continue encore de nos jours à agir en psychologie par d'autres moyens, par exemple chaque fois que nous prenons nos images pour des messages magiques provenant de l'Inconscient, comme des révélations divines du Soi. Une psychologie de la compensation (l'image du rêve comme réponse compensatoire à la conscience du moi) a remplacé la théologie de la prière (l'image du rêve comme réaction divine aux supplications humaines). Nous avons oublié la *dulia* : à savoir que notre tâche humaine est de servir les images et d'en prendre soin. Comme le dit saint Basile : « l'honneur rendu à l'image passe au prototype[44] ».

Cette différence psychologique entre image comme présence et image comme représentation, entre symbole et allégorie, se poursuit encore dans notre psychologie actuelle. Lorsque nous parlons à la manière de Kant des images archétypiques et des « représentations » de la Grande Mère, du Soi ou de l'*Anima*, et que nous nous mettons à traiter les archétypes comme des réalités transcendantes, inconnaissables en elles-mêmes, au-delà des images dont elles sont indissociables, au sein desquelles elles se meuvent et ont leur être, nous avons adopté la position nicéenne. Nous avons séparé l'archétype

Le pandémonium des images

et l'image, le noumène et le phénomène. Cette démarche nous renvoie non seulement à Kant et à l'iconoclasme protestant, mais aussi à la préférence spirituelle pour les abstractions – la Vérité, la Beauté, Dieu –, considérées comme plus importantes, plus universelles et plus éternelles que l'imagination psychologique concrète. Nous voilà revenus à Nicée en 787.

Le lien que Jaspers établit entre la démonologie et les images ranime la réapparition de la position iconoclaste. Fruit de l'expérience, l'intérêt que Jung porte aux images correspond à la réapparition de l'attitude favorable aux images. Car peu importe que les images soient « là-bas » comme statues de culte, qu'elle remuent, clignent de l'œil ou opinent du chef – l'origine du mot « numineux », *numen*, renvoie à l'animation d'une image, une expérience tout à fait différente du sentiment abstrait d'un Tout-Autre transcendant et dépourvu d'image selon Rudolph Otto[45] –, ou que les images proviennent de l'imagination intérieure, comme dans le cas de Jung, les personnages d'une fantaisie animée se mouvant d'eux-mêmes. (Philémon-Élie était accompagné par une belle jeune femme.) Ce qui compte pour l'iconophile, c'est ce que Jaspers condamne : l'être, la puissance et la réalité sont investis dans les images. Celles-ci sont « numineuses » parce qu'elles sont animées, chargées d'âme, que ce soit sous la forme extérieure d'icônes ou imaginées et interlocutrices dans l'âme.

La fiction qui soigne

Le cas de Jung nous a permis de présenter une méthode, de donner les instructions concernant le « comment ». De plus, nous considérons son cas comme un *récit** au sens de Henri Corbin, c'est-à-dire quelque chose qui relate une aventure à l'intérieur du monde imaginal ou avec lui. Des aventures telles que celles-là ouvrent de nouvelles perspectives à l'âme, lui confèrent un nouveau territoire – ou lui restituent l'ancien. Ainsi, grâce à l'exemple et à la méthode de Jung, chacun de nous est aujourd'hui en mesure de desserrer l'emprise ecclésiastique qui s'exerce sur nos cœurs doués d'imagination. Nous pouvons restaurer la primauté de l'image dans nos existences individuelles, rétablissant par là la relation directe entre image et psyché.

En fait, lorsque Jung formule son expérience, il écrit : « L'image est âme[46]. » Ainsi, quand je demande : « Où est mon âme, comment la rencontrer, qu'est-ce qu'elle veut maintenant ? », la réponse est : « Tourne-toi vers tes images. » Jung écrit aussi : « Tout phénomène psychique est image et imagination[47] » et ces images « [sont aussi réelles] que nous sommes réels[48] ». Ou encore, selon Wallace Stevens, le poète de l'imagination américain : « Comme en image nous nous éveillons... Elle est, nous sommes[49]. »

C'est en connaissance de cause que je cite ici un poète, car lorsque Jung emploie le mot image, il dit qu'il emprunte le terme au « langage poétique » : « une vision, une hallucination[50] ». Les images ne

Le pandémonium des images

sont pas des résidus de la perception, des sens dégradés ou des images rémanentes – comme des copies dues au réalisme naïf. L'image est spontanée, primordiale, donnée avec la psyché elle-même, un « poème essentiel au cœur des choses [51] ». La donnée primordiale est l'image – le démon de Jaspers – et ainsi l'âme se présente elle-même, de façon directe. De plus, selon Jung, la libido n'apparaît pas comme telle, mais toujours sous forme d'images, si bien que lorsque nous considérons une vision imaginaire, nous observons une énergie psychique en nous à laquelle nous participons. Jung ajoute : ces images, qui sont l'étoffe même de notre âme, sont les seuls phénomènes présentés directement. Tout le reste – le monde, les autres personnes, notre corps – est relié à la conscience par cet intermédiaire, cet agent poétique ancestral : l'image. Tout ce que nous disons du monde, des autres personnes ou de notre corps est affecté par ces visions archétypiques imaginaires. Il y a des dieux, des *daïmôns* et des héros dans nos perceptions, dans nos sentiments, nos idées, nos actes, et ces personnes imaginaires déterminent ce que nous voyons, ce que nous sentons, pensons, et notre comportement : toute existence est structurée par l'imagination.

Ceci conduit à une psychologie archétypique : réflexion sur les éléments imaginaires subjectifs à l'œuvre en permanence, reconnaissance des images et de la façon dont elles sont en train d'opérer dans toutes nos réalités. Pour citer Jung : « La psyché

La fiction qui soigne

crée chaque jour la réalité. Je ne dispose, pour désigner cette activité, d'aucun autre terme que celui de *fantaisie créatrice*... Par conséquent, l'imagination me paraît l'expression la plus claire de l'activité spécifique de la psyché[52] ».

5. Démons et *daïmôns*

Mais, maintenant que vous êtes sensible à la position de Jaspers, vous allez sûrement demander : que dire des périls encourus ! Toutes les traditions semblent s'accorder sur le fait que les démons sont dangereux – de même que toute réalité de quelque nature qu'elle soit est dangereuse. Comment pouvons-nous donc discerner si ces images sont des tentations malfaisantes ou des êtres protecteurs ? Comment savoir si leurs intentions sont louables ou si elles veulent nous posséder[53] ? Que deviennent nos dévotions et nos observances traditionnelles si nous obéissons aux allées et venues de nos images et si nous consacrons notre temps à les cultiver en privé par l'imagination active ?

Des questions de ce type préoccupaient aussi les anciens psychologues. Porphyre, par exemple, s'interroge sur ce qui distingue les dieux et les *daïmôns*, et, comme Plotin avant lui, il critique le fait que les tentatives théurgiques (prières, divination, sacrifice) soient bénéfiques pour l'âme en influant sur le comportement des *daïmôns*[54].

Le pandémonium des images

Jamblique répond à des questions comme : « ... [qu'est-ce] qui manifeste la présence d'un dieu, d'un ange, d'un archange, d'un démon ?[55] ». « Qu'est-ce qui différencie les *daïmôns* des dieux visibles et invisibles[56] ? » Ses tentatives pour saisir dans des descriptions et pour présenter sous une forme ordonnée et hiérarchisée[57] les personnifications imaginales et leurs effets est comparable de nos jours aux entreprises visant à dépeindre précisément les événements psychiques, comme le font ceux qui pratiquent l'introspection, les phénoménologues et les psychiatres dans des asiles. Aux yeux de l'intellect, les *daïmôns* semblent un pandémonium, et la réaction de l'intellect est de tenter une *diakrisis intellectuelle* (discrimination, différenciation). La conversation de Jung avec les images constitue une *diakrisis psychologique*, qui leur donne l'occasion d'exposer leur propre *logos*. De plus, *nota bene*, elles ne lui apparaissent pas comme un pandémonium, mais comme des personnages distincts dotés d'un nom.

Les écrivains néoplatoniciens semblent s'être particulièrement intéressés à la question du rapport entre les dieux et les *daïmôns*. Jung n'est pas le premier à en parler comme d'entités interchangeables. C'est déjà le cas chez Homère[58], et cela se poursuit presque par convention. Mais la distinction est importante, ne serait-ce que dans la mesure où les dieux sont censés être transcendants et les *daïmôns* immanents ou, du moins, relever du royaume intermédiaire. Ainsi, cette distinction implique la

La fiction qui soigne

différenciation plus abstraite entre les forces spirituelles et les puissances de l'âme[59]. Lors d'une montée de l'émotion ou d'une brusque crise d'intuition, comment pouvons-nous dire s'il s'agit d'une voix ou d'un complexe, d'un dieu ou d'un *daïmôn* ? Finalement, la simplification qui consiste à ranger tout le bien du côté des dieux et toute ambiguïté du côté des *daïmôns* devient un lieu commun populaire : le patient est-il le sujet d'un exorcisme sacerdotal ou d'une abréaction psychothérapeutique ? Par conséquent, l'enquête la plus approfondie est celle qui entreprend de découvrir la relation entre les dieux et les *daïmôns* – ou entre les archétypes et les complexes, pour utiliser le langage jungien. Comment les événements inattendus attribués aux *daïmôns*, ainsi que les images de notre vie intérieure, s'intègrent-ils au sein de l'ensemble plus vaste formé par les principes planétaires cosmiques, les dieux et les archétypes ?

Proclus a résolu ce point en déclarant qu'« autour de chaque dieu gravitent une multitude de *daemons*, qui répondent aux mêmes appellations que le dieu auquel ils obéissent [...] parce qu'ils expriment en eux-mêmes la particularité caractéristique de leur dieu principal[60] ». Ceci sous-entend que les petits *daïmôns* de nos complexes, de nos symptômes et de nos visions imaginaires font partie du cortège qui précède les principales divinités et qu'ils expriment, disons, des qualités propres à Apollon, Mars ou Vénus. Nous trouvons les dieux au milieu des

Le pandémonium des images

daïmôns qui les entourent. Ou, comme le dit Jung : « Les dieux sont devenus des maladies. » Pour peu que nous observions d'un œil critique et imaginatif[61], nous pouvons déceler les dieux parmi nos problèmes psychiques « démoniaques » et tenaces.

Nous ne pouvons pas tirer ici les conclusions de ce qu'avance Jamblique pour la psychologie des profondeurs. Pourtant, pour vous inciter à le lire, permettez-moi au moins de faire état de sa manière de distinguer les personnifications imaginales selon leur beauté, leur mouvement, leur luminosité et leur énergie. Par exemple, il explique que les *phasmata* héroïques sont sujets au mouvement et changent et manifestent une certaine splendeur, que les anges ne parlent pas et que les *daïmôns* suscitent la peur, mais que leurs actions ne sont pas aussi rapides qu'il y paraît.

Nous revenons à ces premiers auteurs pour leur compréhension de l'âme, leur psychologie. On a trop longtemps relevé en eux seulement leurs débats moraux et doctrinaux, leur spiritualité. En fait, la démarche de Jung a forcé le retour à cette tradition qu'on appelle généralement néoplatonicienne, parce qu'elle est la seule à accorder au royaume intermédiaire de la psyché une attention passionnée. (Depuis 869[62], le principal courant de la pensée officielle exclut l'âme en opérant la réduction de l'homme à une anthropologie dualiste du corps et de la part spirituelle.) La démarche de Jung nous permet aussi de revivifier le néoplatonisme en reliant ses révélations aux *daïmôns* qui habitent

La fiction qui soigne

notre conscience contemporaine et la pluralité de ses mondes.

Sur le plan psychologique, cette pluralité de mondes renvoie à la pluralité des perspectives qui gouvernent notre subjectivité, aux nombreux yeux qui voient par les nôtres. Car il ne s'agit pas de penser qu'il y a plusieurs mondes différents et distincts, chacun régi par un seul dieu, mais plutôt, comme l'a souvent répété Kerényi, qu'il existe un seul et même monde auquel nous participons, mais cela toujours et uniquement à travers le cosmos de telle ou telle importante personnification imaginale relevant d'une constellation ou d'un mythème particuliers. Tels sont les arrière-plans divins à ce que l'humanisme existentiel depuis Nietzsche appelle « perspectives ». Ces personnages façonnent nos soi-disant mondes réels à travers les images de ce héros, cet ange, cette *anima*, ce *daïmôn* ou ce dieu.

La démonologie au sens large devient ainsi le *logos* des personnifications imaginales qui sont présentes dans toutes nos idées et toutes nos actions.

La démonologie au sens large est aussi une *anthropologie*, car, selon un autre poème de Stevens : « ... l'étude de ses images/Est l'étude de l'homme...[63] » De plus, la démonologie toujours au sens large incluant toutes les personnes, même les anges de l'imagination, sert de fondement non seulement à notre *psychopathologie* mais aussi à notre *épistémologie*, à toute connaissance quelle qu'elle soit. Les manières de connaître ne sont jamais tout à fait purifiées de la « dimension subjective », et cette dimension correspond à telle ou telle personnification imaginale qui modèle notre conscience selon des prémisses épistémologiques spécifiques.

Ainsi, la tâche première assignée à la connaissance est de cerner ces prémisses, ou « Connais-toi toi-même ». L'imagination dans sa pluralité précède même la perception de ces prémisses, sans parler de la compréhension que nous en avons. (« Nous prétendons comprendre les Puissances par lesquelles nous vivons », dit W. H. Auden.) De plus, ces personnes qui nous apparaissent comme nos *daïmôns* rendent possibles nos manières de percevoir et de participer à la réalité des choses. En tant que première tâche – et aussi que premier plaisir –, le « Connais-toi toi-même » constitue le moment réflexif de retour sur soi, un *a priori* psychologique au sein de tous les moments, cet instant ludique où nous nous saisissons nous-mêmes dans les images de nos sois présents en toutes choses.

6. L'imagination active : l'art qui soigne

Nous en resterons là pour conclure ce chapitre sur une observation concernant l'intention de l'imagination active[64], que Jung associe, à l'issue de son ultime œuvre majeure, *Mysterium Conjunctionis*, au « Connais-toi toi-même[65] ». À mon avis, c'est aussi au moyen de l'imagination active que Jung rétablit le lien entre la tradition hellénistique et néoplatoni-

La fiction qui soigne

cienne du travail des images et le mode analytique de connaissance de soi de Sigmund Freud. Je considère cette connexion comme plus importante que la traditionnelle séparation entre le platonisme et Freud : car l'une des grandes promesses contenue dans l'approche jungienne est précisément de rendre possible une relecture de Freud.

Lorsque nous examinons en détail l'œuvre de Jung pour saisir les raisons de recourir à l'imagination active, nous trouvons ces rappels fondamentaux : ils peuvent être présentés comme la *via negativa* des mises en garde, pareils à la retenue et à la pondération qui imprègnent la manière analytique de Freud d'une piété religieuse.

(1) L'imagination active n'est pas une discipline spirituelle, pas une pratique à la manière d'Ignace de Loyola ou du yoga oriental, car aucune vision imaginaire n'est prescrite ou proscrite. Chacun travaille avec les images qui surgissent, et non avec des images particulières choisies par un maître ou un code[66].

(2) L'imagination active n'est pas une tentative artistique, une production créative de tableaux ou de poèmes. Chacun peut donner une forme esthétique à ses images – chacun doit effectivement essayer de faire de son mieux sur le plan esthétique –, même si cela reste dédié aux personnages et destiné à révéler leur beauté, sans être motivé par l'amour de l'art. Par conséquent, le travail esthétique de l'imagination active ne doit pas être confondu avec l'art fait pour être montré ou publié.

Le pandémonium des images

(3) L'imagination active n'a pas pour but le silence mais la parole, non l'immobilité mais une histoire, une pièce de théâtre ou une conversation. Elle souligne l'importance du verbe et non son élimination, le verbe devenant ainsi une façon de « créer des liens », un instrument pour sentir[67].

(4) Ce n'est donc pas une activité mystique, accomplie en vue de l'illumination ou pour atteindre des états de conscience privilégiés (*samadhi*, *satori*, ne faire qu'un avec toutes choses). Cela reviendrait à imposer une intention spirituelle à une activité psychologique, et correspondrait à une domination, et même à un refoulement, de l'âme par la part spirituelle.

(5) Ce dernier point ne signifie pas non plus que l'imagination active est une activité psychologique au sens seulement personnel : visant à guérir des symptômes, à calmer la terreur ou l'avidité ou à parvenir à une abréaction, à améliorer la vie de famille, à développer et à perfectionner la personnalité. Ce serait rabaisser les *daïmôns* au statut de serviteurs personnels dont la préoccupation doit donc être de trouver une solution à ces illusions que nous appelons réalités, faute d'avoir su déceler leurs visions imaginaires, les images directrices qui les projettent vers l'avant.

(6) Cependant, l'imagination active n'est pas une activité psychologique au sens transpersonnel de théurgie (magie rituelle), une tentative de travailler avec les images par et pour la volonté humaine. Des deux côtés de la tradition de la

psychologie archétypique (Plotin et Freud), nous avons été mis en garde contre le fait d'ouvrir les vannes au « flot de vase noire... de l'occultisme[68] ». Les cas où l'imagination active devient théurgie[69] superstitieuse destinée au peuple sont : lorsque nous suscitons artificiellement les images (drogues), que nous la mettons régulièrement en pratique de façon ritualiste, que nous provoquons des effets spéciaux (synchronicités) ou que nous l'utilisons pour augmenter notre confiance en nous au moment de prendre une décision (pouvoir). Tous ces usages sans exception ne sont plus des modes de connaissance de soi mais d'accroissement de soi, à présent dissimulés par l'étiquette innocente de « croissance psychique ». Faust continue à s'infiltrer dans notre « Connais-toi toi-même » et à le déformer, en en faisant une pulsion qui outrepasse les limites que cette maxime implique à l'origine, à savoir : « Sache que tu es seulement humain, non divin. » L'imagination active comme divination théurgique préfère travailler sur les dieux plutôt que de reconnaître la façon dont ils travaillent en nous. Nous allons trop loin et passons à côté des *daïmôns* qui sont présents chaque jour, et aussi chaque nuit. Selon Plotin : « C'est à eux de venir vers moi, non à moi d'aller vers eux[70]. »

Ainsi, la méthode jungienne d'imagination intérieure n'obéit à aucune de ces raisons : elle ne correspond ni à une discipline spirituelle, ni à la créativité artistique, ni à la transcendance par rapport au monde, ni à l'union ou à la vision mystique, ni à l'amélioration personnelle, ni à un effet magique. Mais alors à quoi sert-elle ? Quel est son but ?

Tout d'abord, elle vise à guérir la psyché, en la rétablissant dans le *métaxy* après qu'elle a succombé à la maladie de la littéralité. Retrouver la voie menant à ce *métaxy* fait appel à une manière mythique d'imaginer comparable à celle employée par le platonicien Socrate comme guérisseur des âmes. Ce retour au royaume intermédiaire de la fiction, du mythe, nous permet de nouer une relation familière et de converser avec le cosmos que nous *habitons*. Ainsi, la guérison est assimilée à un retour et la conscience psychique à une conversation ; une « conscience guérie » vit de façon fictionnelle, de la même manière que des figures de guérisseur comme Jung et Freud se muent sous nos propres yeux en personnages fictionnels, leurs biographies factuelles se dissolvant et se cristallisant dans des mythes, devenant des fictions afin qu'ils puissent continuer à guérir.

Par suite, l'imagination active, si proche de l'art par sa façon de procéder, s'en distingue par son but. Ce n'est pas seulement parce que l'imagination active renonce à un résultat final sous forme de produit physique, mais plutôt parce que son intention est le « Connais-toi toi-même », la compréhension de soi, ce qui constitue aussi sa limite – la limite paradoxale de l'absence de fin qui correspond à la qualité héraclitéenne infinie de la psyché elle-même. La compréhension de soi est par définition

La fiction qui soigne

en forme d'*ouroboros*, un interminable mouvement circulaire de chacun au milieu de ses scènes, de ses visions et de ses voix [71].

Du point de vue du récit, les visions et les voix sont le déploiement sans fin d'une histoire. L'imagination active est interminable parce que l'histoire mène à la mort et que la mort n'a pas de fin – qui sait où elle s'interrompt ? Du point de vue du récit, la compréhension de soi est cette fiction qui soigne ou individualisation d'une existence jusqu'au terme de la mort. En revanche, du point de vue de la vision imagée, la compréhension de soi est interminable parce que, pour commencer, elle ne se situe pas dans le temps. Le « Connais-toi toi-même » est un processus révélateur, non linéaire, discontinu, c'est comme un tableau, un poème lyrique, une biographie tout entière passée dans l'acte d'imagination. Nous pouvons inventer des connexions entre les moments révélateurs, mais ces connexions sont comme les espaces entre les étincelles ou les mers obscures qui baignent les yeux des poissons lumineux, selon des images que Jung utilise pour expliquer les images. Chaque image est son propre commencement et sa propre fin, guérie par elle-même et en elle-même. Ainsi, le « Connais-toi toi-même » se termine chaque fois qu'il délaisse le temps linéaire et devient un acte d'imagination. C'est une prise de conscience partielle, cette chanson à ce moment, cette image précise : voir en partie seulement est le tout du processus. La

Le pandémonium des images

compréhension de soi est guérie par l'imagination active.

Le « Connais-toi toi-même » est sa propre fin et n'a pas de fin. Il tient de Mercure[72]. C'est un art hermétique paradoxal qui est à la fois orienté vers un but et dépourvu de terme, tout à fait de la même manière que le vieux Freud, dans un dernier article avant de quitter Vienne pour l'exil, disait de l'analyse, à la fois de sa fin comme but et de sa fin dans le temps : « Non seulement l'analyse du patient, mais aussi celle de l'analyste lui-même, a cessé d'avoir un terme pour devenir une tâche interminable. » Il n'y a pas d'autre fin que l'acte même de genèse de l'âme et l'âme est sans fin.

7. *Nachklang*

Une tentation se présente maintenant pour finir : le *daïmôn* du post-scriptum.

Le caractère infini de l'opus du « Connais-toi toi-même » est, selon les termes de Jung, un processus d'individuation. Au fur et à mesure de ce processus, la chaleur augmente. Les opérations plus tardives, *spirituelles*, prennent le pas, celles appelées distillation, volatilisation, sublimation, et en particulier ce que les alchimistes nomment multiplication[73]. Tandis que ces opérations intensifient le pouvoir spirituel, elles ont aussi tendance à briser le réceptacle psychique et à se disperser en matière, action, société, politique, avec la ferveur pressante de la prophétie et de la mission. À mesure que la chaleur spirituelle augmente, il faut un accroissement proportionnel de la capacité de l'âme à contenir la part spirituelle, à l'amplifier au sein de son espace sacral intérieur. Cet espace, ce tapis fait d'un enchevêtrement de fils colorés qu'est l'âme, ses bordures et ses soies, est le réceptacle de l'*anima* : ce qui la nourrit, la tisse, la reflète. Ici, le *conjunctio* est le fait de contenir la part spirituelle, ce contenu inspiré et plein d'esprit.

Ainsi, le *multiplicatio* n'est pas une mission dans le monde, ni la teinture le fait de répandre directement, naïvement, dans la part spirituelle les affaires du monde politique et social, ou de le teindre avec elle. Je suggère plutôt que le *multiplicatio* correspond à l'effet de toucher tous les points de l'âme, ses cent vagues d'images, avec une fougue spirituelle – et d'apporter des images chargées d'âme au moyen desquelles les brillantes impulsions spirituelles peuvent trouver un témoin et se connaître elles-mêmes. Le « Connais-toi toi-même » délaisse ici complètement celui qui connaît, devenant la connaissance de soi qu'atteint la part spirituelle au miroir de l'âme, la reconnaissance par l'âme de ses humeurs spirituelles. Le *multiplicatio*, avec sa chaleur rougeoyante[74], déploie sa propre voie jusqu'au corpus, le corps du monde des événements matériels se diffusant à travers le royaume intermédiaire, l'âme ou l'*anima*. Ensuite, ces événements matériels, politiques, sociaux sont eux-mêmes envisagés

Le pandémonium des images

comme une multiplicité – non plus comme un dualisme opposant la part spirituelle à la matière et suscitant des luttes dialectiques. Non plus une bipolarité mais une pluralité. Ou, pour le dire autrement : d'abord Psyché, puis le monde ; à travers Psyché, la médiatrice, jusqu'au monde, et aussi le monde, psyché, libéré, redevenant par là plusieurs mondes.

3. Que veut l'âme ?

Comment Adler imagine l'infériorité

> « En premier lieu, toujours il [Éros] est pauvre, et il s'en faut de beaucoup qu'il soit délicat et beau comme la plupart des gens se l'imaginent ; mais, bien plutôt, il est rude, malpropre ; un va-nu-pieds qui n'a point de domicile, toujours couchant à même la terre et sans couvertures, dormant à la belle étoile sur le pas des portes ou dans la rue ; tout cela parce que, ayant la nature de sa mère [Pénia], il fait ménage avec l'indigence ! »
>
> PLATON, *Le Banquet*, *op. cit.* 203 c et d

1. Écrire l'âme

> « Prudens quaestio dimidium scientiae. »

Toute analyse psychothérapeutique renferme une question, qui émane du patient ou que je commence à me poser à son sujet. Je me demande ce qu'il veut, ce qu'il fait là, mis à part ce que nous avons essayé de formuler, tout comme le patient essaie de découvrir la véritable raison pour laquelle il ou elle vient me voir. Cette question ne se pose pas uniquement le premier jour mais resurgit régulièrement, parfois elle est délibérément relancée de façon à favoriser un processus analytique plus conscient. Les réponses à cette interrogation ne sont jamais aussi simples que celles que l'on peut lire dans des livres, disant que le patient veut être aimé, guérir d'un symptôme, ou bien trouver, préserver ou améliorer une relation, développer tout son potentiel ou suivre une formation pour devenir analyste. Ce que veut le thérapeute – aider, établir des relations d'intimité avec les gens, gagner de l'argent dans un fauteuil, enquêter sur la psyché, résoudre ses propres complexes – ne se réduit pas non plus à tout ce que la question évoque.

Car ce que le patient et moi recherchons semble toujours compliqué par un troisième élément, comme un fil qui se dérobe, une hésitation méditative qui empêche nos affirmations sur ce que nous voulons vraiment de s'exprimer de manière directe, si bien que même quand nous énonçons nos intentions, elles se nient elles-mêmes : « Ce n'est pas ça du tout. Ce n'est pas du tout ce que je veux dire. »

J'en suis venu à penser que cette *incertitude* concernant la raison pour laquelle le patient et moi sommes là est en réalité ce qui explique notre présence : ce troisième élément qui semble délibérément rendre nos buts changeants et les miner, qui

Que veut l'âme ?

nous soumet avec insistance la question tout en refusant nos réponses.

Ce moment d'intervention méditative, ce troisième élément dans l'expérience thérapeutique, je l'attribue à l'âme. Je pense que le patient et moi-même continuons l'analyse psychothérapeutique parce qu'elle nous y force de différentes manières, de l'obsession du transfert au caractère insoluble des symptômes et à l'énigme des rêves – autant de phénomène qui nous demeurent incompréhensibles. Mais, fait plus fondamental, nous y sommes contraints par la sensation que nous voulons quelque chose de profondément important, qui n'est jamais assimilable à ce que nous croyons vouloir. De plus, ce désir non formulé engendre un déplorable sentiment d'infériorité. Nous nous sentons inférieurs simplement par incapacité à saisir pourquoi nous avons entrepris une thérapie, de quoi il retourne, si elle se passe bien ou même s'il se passe quelque chose, ou encore à quel moment elle prend fin. C'est parce que nous en savons si peu que nous nous en remettons largement à toutes sortes de positivismes, aux sciences positives, à la positivité des enseignements spirituels, aux positions morales des idéologies. Nous nous raccrochons désespérément à ces remarquables fétus rigides parce que le socle sur lequel nous reposons, l'âme, est infini et insondable.

Ainsi, d'emblée, notre thème de l'infériorité en psychothérapie apparaît comme ce besoin – au-delà des sentiments réels d'infériorité liés à l'échec, à la dépression, à la répétition et à la souffrance qui constituent le contenu de la thérapie –, ce sens d'une irrémédiable impuissance à la racine de notre travail que désigne le mot « âme ».

L'une des manières de mettre un terme à cette incertitude est de s'adresser à l'âme elle-même pour savoir ce qu'elle veut, en dehors de ce que relate le patient et du diagnostic du médecin. Une démarche aussi directe avait déjà été entreprise par Tertullien dans son *De testimonio animae*, où il écrit :

> « Je fais appel à un nouveau témoignage, qui est plus connu que toute littérature... plus public que toute publication, plus grand que l'homme tout entier... Lève-toi, ô âme..., lève-toi et témoigne. »

La tradition de s'adresser directement à l'âme est encore plus ancienne : elle remonte à l'homme en Égypte qui, las du monde, parle avec son ba, à Socrate et Diotime ; plus tard, il y a Boèce en prison, consolé par la voix de la philosophie, Polyphile, parmi d'autres, qui, à la Renaissance, converse avec sa Polia, et, de nos jours, la méthode thérapeutique de l'imagination active, illustrée par le cas de Jung lui-même, comme nous l'avons vu dans le chapitre précédent.

Permettez-moi de citer des exemples tirés de mon expérience de praticien : cela vous montrera comment n'importe qui peut engager directement des conversations imaginaires.

Une femme d'environ quarante ans, travaillant dans une des principales banques de Zurich à un

Que veut l'âme ?

bon poste, issue de la campagne et vivant à présent seule dans un grand immeuble moderne, loin de sa famille et sans amant, qui ressent durement la solitude cloisonnée, chronométrée et administrative liée à son niveau élevé de vie et de compétence, animée d'une peur secrète de devenir folle ou de faire quelque chose de fou, rêve d'un jeune inconnu vêtu d'une chemise blanche et d'un bonnet vert se trouvant en prison. Il est émacié et dépenaillé, ses mouvements sont saccadés, tel un mime ou un acrobate ou « quelqu'un qui est fou », selon ses propres termes. Dans son rêve, elle veut le faire sortir de prison.

Je lui conseille d'aller le voir en imagination et de parler avec lui. Elle n'a pas de mal à accéder à lui, ce qui est plutôt rare. Elle lui pose des questions : comment il s'appelle, d'où il vient, pourquoi il est en prison, ce qu'il a commis et ce qu'elle peut faire pour qu'il soit relâché. Mais il refuse de parler, se contentant de danser la gigue, de balancer la tête et de se comporter comme un fou. Elle arrive au rendez-vous suivant désespérée par sa rencontre avec lui.

Je lui dis : « Continuez à y aller. Mais aussi, essayons d'élucider ici même s'il y a quelque chose dans votre attitude qui le pousse à agir comme il le fait. » Nous avons alors découvert qu'elle était « furieuse après lui » : il était peu coopératif, refusait de répondre et ne semblait pas se rendre compte qu'elle essayait de l'aider.

La fiction qui soigne

Nous avons commencé à comprendre qu'elle était le juge, qu'elle le jugeait encore maintenant en prison lorsqu'elle s'y rendait pour l'aider et que ses questions étaient une forme supplémentaire de procès. Il ne nous fallut pas longtemps pour saisir qui l'avait mis là où il était.

Elle retourne le voir. Cette fois-ci, elle se tait et lui aussi. Ils s'observent à travers les barreaux. Puis, en imagination, elle se voit de l'autre côté des barreaux avec lui, ou du moins les barreaux ont disparu. Il pose alors la tête sur ses genoux. Elle touche son bonnet vert et lui demande : « Comment te sens-tu aujourd'hui ? » Il ne répond pas. Elle se dit qu'elle a encore posé une question, essayant d'obtenir une information et se comportant comme une policière. Il a toujours la tête sur ses genoux, elle met sa main sur son bonnet vert et commence à dire « Est-ce que ça aide ? » mais s'interrompt. Puis, après avoir intérieurement paré plusieurs tentatives du même genre, elle l'entend soudain dire très distinctement : « Merci. Cela fait tellement longtemps que je suis seul. Maintenant, je ne deviendrai plus fou. »

Vous aurez à coup sûr perçu un élément de réponse quant à la manière de découvrir ce que l'âme veut. Tout d'abord, nous nous adressons à elle et la laissons répondre. Ce n'est peut-être pas si facile, car elle peut ne pas parler tant que nous ne sommes pas prêts à entendre. Ce n'est que lorsqu'elle a cessé d'interroger (d'engager des

Que veut l'âme ?

poursuites, de se renseigner) et de condamner (de juger), lorsqu'elle aussi s'est retrouvée de l'autre côté des barreaux, que les barreaux entre eux ont disparu ; c'est seulement lorsqu'elle l'a invité à mettre la tête sur ses genoux qu'il a fait entendre clairement sa voix. Et que voulait-il ? Rien de plus, semble-t-il, que de ne pas rester seul pour ne pas devenir fou. Car la folie (et le fait qu'elle la redoute) avait été le seul moyen pour lui de faire savoir qu'il existait, sa seule défense face au peu d'intérêt qu'elle lui témoignait, face à ses jugements et à sa rationalité d'une terrifiante efficacité.

L'exemple suivant émane d'un homme âgé, la soixantaine passée, venu de l'étranger après avoir perdu sa femme, n'ayant pas d'enfant. Il s'était installé à Zurich, avait pris une petite chambre et commencé à étudier tout ce qui lui tombait sous la main concernant la psychologie. Il tenait un journal intime, dont voici un extrait :

> « 27 août : Il fait toujours très froid, me suis préparé un repas chaud puis remis à Neumann. Au bout d'un moment, mon attention s'est relâchée et j'ai entendu distinctement une voix jeune disant : "Où étais-tu, Père ?" La voix pouvait être celle d'une fille ou d'un garçon. Si j'en tire la conclusion que, à cause de la lettre de B, le rêve du père est mort, je peux maintenant endosser le rôle du père. Je deviens père. Si c'était la voix d'un garçon, est-ce qu'il s'agit de l'enfant divin en moi ? Ou bien quoi ? Si c'était une fille, il s'agit vraisemblablement d'une figure de l'anima ? Mais pourquoi est-ce que je deviens son père ? Je suis perdu... Plus tard : depuis ce que je

mentionne plus haut, j'ai essayé de renouer le contact avec la voix en disant les choses les plus engageantes possible, mais en vain. Repose-toi et aime la voix, vieil imbécile. Détends-toi. »

Je suis certain que l'erreur simple et assez tragique de cet homme ne vous a pas échappé. Simple, car il lui aurait suffi d'entendre la question de l'enfant – Où étais-tu ? – et de tenter d'y répondre. Tragique, car il répond effectivement à la voix par des psychologismes et des interprétations, c'est-à-dire qu'il utilise la psychologie contre l'âme[1].

Nous pouvons émettre l'hypothèse que sa réaction – toutes ces questions psychologisantes : à cause de la lettre de B, est-ce que je deviens père, est-ce un garçon, une fille, si c'est une fille, alors... – disent précisément où il était passé, et, en demeurant dans un troublant labyrinthe de conjectures, il n'a pas écouté. La voix de l'enfant, simple et claire, rompt avec les conceptions systématiques de ses lectures de Neumann, lui offrant une voie de sortie hors du labyrinthe. Mais il essaie de se livrer à l'introspection de l'enfant, or on n'accède pas à l'âme de cette manière, comme nous l'avons précédemment exposé dans le chapitre 2. Il ne suffit pas non plus pour qu'elle se montre de l'aimer, car la recommandation qu'il s'adresse d'« aimer la voix » est, dans ce contexte, un psychologisme de plus. L'enfant n'a pas du tout dit « Aime-moi ». Il lui a demandé, à haute et intelligible voix : « Où étais-tu, père ? » Il est passé à côté de l'occasion,

Que veut l'âme ?

et toutes ses supplications et ses cajoleries ne la ramèneront pas.

Comme il est déconcertant pour des personnes matures, expérimentées et intelligentes, telles les deux que nous avons évoquées, d'être rabaissées à un niveau d'infériorité si ridicule face à leurs images et à leurs voix ! Comme il est difficile d'agir pour le bien de l'âme ! On dirait que son imagination nous rend inférieur à cause de ce sentiment de culpabilité, d'indigence et de tort qui envahit toute personne en thérapie, une souffrance sans douleur et sans objet, ou avec un mauvais objet, qui nous fait simplement pleurer sur notre impuissance et nous remplit d'angoisse : je n'y comprends rien et je me sens lamentable et inférieur. Peut-être que tout cela ne s'explique pas seulement par le fait que la thérapie nous ramène à des pans de nous-même moins développés ou parce qu'il s'agit d'une situation de pouvoir et de dépendance. Peut-être que la thérapie sollicite l'âme, et que l'âme constelle un autre pouvoir, différent, qui est à la fois notre infériorité en elle-même et aussi ce qui rend tout ce que nous avons été jusqu'ici inférieur à elle.

Examinons d'autres comportements de l'âme lorsqu'on lui demande ce qu'elle veut. Cette fois-ci, en guise de document, nous présentons la correspondance entre un écrivain et son personnage d'âme appelé Agatha. Le patient a réussi en tant que journaliste mais possède plus d'intelligence et de talent que son travail ne l'a jusqu'ici révélé. Il est sur le point de franchir le seuil de la quarantaine et le fait de vieillir l'a plongé dans une dépression, la fin de la période *puer* signifiant la perte de sa chance et de ses dons. Il est obsédé par la mort prématurée de Mozart, Pascal, Poe, Dylan Thomas, Nathaniel West, Thomas Wolfe et d'autres génies à la veille de leurs quarante ans. Dominé par ses humeurs, pris de frénésie ou d'hypocondrie, il n'arrive plus du tout à écrire. C'est dans cet état qu'il commence à adresser des lettres à son âme. Voici la première :

> Chère Agatha,
> J'ai lu des choses sur l'*anima* chez Jung et c'est ce qui me pousse aujourd'hui à t'écrire. Il dit qu'il existe un monde psychique objectif appelé l'inconscient auquel nous pouvons accéder grâce à l'*anima*, en l'occurrence pour moi à travers toi. J'ai été intrigué par le fait que l'*anima* provoque parfois en l'homme des humeurs qu'il ne comprend pas, et même des symptômes corporels. Hier soir, Hillman semblait suggérer que tu essaies de sortir après avoir été refoulée pendant vingt ans ou plus. Est-ce exact ? S'il te plaît, dis-moi ce que tu veux.
>
> ton ami,
> William

Nous tenons notre question : « Dis-moi ce que tu veux. » Voici la réponse d'Agatha :

> Cher William,
> Tu me demandes ce que je veux. J'ai besoin de ta compagnie, comme tu as besoin de la mienne. Je demande ton amour et ton dévouement. Tu dois me dédier ta vie et en retour je me donnerai à toi. Mais toi seul peux découvrir comment te rapprocher de moi. Cela, je ne peux pas te le dire.

Que veut l'âme ?

Tu dois prendre la décision. C'est aussi comme ça que tu pourras y voir plus clair concernant ta vocation, qui te tracasse tant ces derniers temps.

Puisque j'ai vu ton travail d'aujourd'hui, me permettras-tu de faire une observation ? L'idée d'écrire sur ce sujet est bonne, mais fais-le de l'intérieur. Écris avec ton âme. Pourquoi ne pas lâcher de nouveau la bride à ton imagination ? Ce que tu écris est mauvais parce que t'en fiches. Cela n'a pas de valeur pour toi. Je vais t'aider.

avec toute mon affection,
Agatha

Il lui répond aussitôt :

Chère Agatha,
Merci de ta réponse et des indications que tu donnes sur mon travail. J'aime tes idées. Je voudrais maintenant te demander autre chose. Qu'est-ce que tu as ? Je me sens anxieux. Je veux te dire que ce processus m'effraie encore un peu... Dis-moi maintenant, chère *anima*, qu'est-ce que j'ai ? Qu'est-ce que tu fabriques ?

William

Sa réponse est la suivante :

Cher William,
Tu me surprends. Voilà que je me donne la peine de faire des suggestions concernant ce que tu écris et au lieu de les suivre, tu te détournes de moi et m'accuses de te causer du souci...

Autre chose : je suis loin d'être aussi stupide que tu le crois. J'incarne des idéaux qui ont pour toi une valeur, comme la beauté, la sagesse, la vérité. Tu te creuses les méninges depuis quelque temps pour

La fiction qui soigne

savoir à quoi tu crois, où tu en es, ce qui compte vraiment pour toi. Si tu te rapproches de moi, il te sera plus aisé de trouver les réponses à ces questions et de te fier à ta propre vérité.

bien à toi,
Agatha

Elle signe ses lettres avec tendresse et loyauté et l'appelle par son prénom. Lui signe les siennes de façon plus réservée et s'adresse souvent à elle en tant que « *anima* », ce qui est un psychologisme. Cette correspondance assez guindée se poursuit pendant plusieurs mois. Mais l'essentiel est pour nous démontré si nous remarquons de nouveau que, même lorsque l'âme est interrogée et répond en toute bonne foi, on ne l'écoute pas. L'interrogateur manifeste une curieuse réticence à accepter les préoccupations de l'âme, comme s'il devait toujours avoir le dessus, en dépit de ses meilleures intentions. Ce que l'âme exprime est moins pris au sérieux que ce qu'il dit, et ses besoins à elle passent après les siens. De même que le veuf s'intéressait davantage à ses interprétations psychologiques de la voix qu'à la voix elle-même, de même l'écrivain se préoccupe plus de son anxiété et de ses causes psychologiques – utilisant l'âme pour dissiper ses symptômes – que du besoin que le personnage d'âme lui dit éprouver de compagnie et de dévouement, qui est directement en lien avec la nécessité de lâcher prise au niveau imaginaire pour pouvoir écrire.

Que veut l'âme ?

Avez-vous également remarqué qu'Agatha exige une reconnaissance de sa valeur ? Elle ne veut pas qu'on la regarde de haut comme inférieure et qu'on lui parle avec condescendance. Lors d'une conversation avec un serpent noir, une femme l'insulte en le traitant d'« animal imaginaire ». Plus tard, le serpent se lasse de ce niveau de langue et lui répond : « J'en ai assez de ce que tu penses et de ce que tu sens. Je retourne dans ma jungle et ma nature jusqu'à ce que tu aies une question plus importante à me soumettre. »

Notre dernier exemple pour l'heure provient d'un jeune interne, un chirurgien, Ulrich, qui s'essaie pour la première fois au dialogue intérieur. Il engage la conversation avec une femme qui dit :

> *Elle* : Que voulez-vous de moi ?
> *Ulrich* : Je voudrais vous parler du monstre dans mon rêve.
> *Elle* : Il est toujours prêt à vous sauter dessus.

À ce moment-là, une voix intérieure l'interrompt, la voix de la raison sceptique, disant : « Foutaises. » À cela, la femme réagit immédiatement en demandant à Ulrich : « À quoi ressemble-t-il ? » Elle l'incite à saisir l'image avant le contenu. « Regardez-le en face : voyez qui vous parle ou vous serez piégé par les paroles. »

> *Ulrich* : Il a un air très strict et un visage grisâtre.
> *La femme* : Donnez-lui un nom.
> *Ulrich* : Je ne connais aucun nom.
> *La femme* : Donnez-lui un nom, n'importe lequel.

La fiction qui soigne

L'homme gris dit : C'est insensé de vouloir me donner un nom.
Ulrich : Je l'appellerai : l'Homme.
L'homme gris dit : C'est de l'invention pure.

Ce bref échange montre déjà quelque chose des attentes de l'âme. Tout d'abord, cela commence par la question qu'elle pose à Ulrich, lui demandant ce qu'il veut, comme si, dans ce cas, il lui fallait clarifier sa requête (pareil à l'écrivain qui doit découvrir comment « se rapprocher » d'elle, parce que cela, Agatha ne peut le lui dire.) Ensuite, elle exige aussi de la précision de la part de notre chirurgien : qu'il se fasse une image exacte avec un nom clair du sceptique en lui. (Remarquez que le sceptique n'a droit qu'au discours indirect.) Et, comme dans nos autres exemples, Ulrich n'entend pas du tout ce qui lui est demandé. Il qualifie simplement le personnage de « gris-*âtre* », ce qui reste vague, et de « l'Homme », ce qui le rend impersonnel, détaché et anonyme. Bien sûr, l'Homme est une manière symbolique de parler de l'humanité, de l'homme en l'adolescent ; mais, à ce stade, en ne prenant pas complètement en compte les instructions de l'âme, Ulrich se montre de connivence secrète avec celui qui doute en lui, son sceptique anti-psychique. Par conséquent, ses dialogues avec l'âme s'interrompent presque aussitôt après avoir commencé.

Je n'ai pas l'intention d'utiliser ces dialogues pour tirer une conclusion générale concernant l'âme. Je n'y recours pas pour prouver un point empirique, par exemple : que telle est la manière

Que veut l'âme ?

dont l'âme s'exprime, que l'âme sait ce qu'elle veut et ne peut qu'avoir « raison », ou même que les voix que j'ai considérées comme parlant pour l'âme sont l'âme. Mon raisonnement en la matière repose simplement sur le fait que ce sont les voix de nos images – et si, comme le dit Jung, « l'image est âme », où pouvons-nous entendre ce que l'âme veut excepté dans les images qui parlent intimement à nos états psychiques ? De plus, ce sont les voix du monde souterrain, de ceux d'en dessous, des *inferiores* qui parlent *sotto vocce*, et ce monde souterrain est le lieu principal où réside l'âme, comme je l'ai longuement exposé dans mon livre *The Dream and the Underworld*. Les *inferiores* sont des *daïmôns* qui habitent les régions d'en bas – le terme psychanalytique étant « ombre » : lorsque ces personnages disent ce qu'ils veulent, nous sommes rabaissés, humiliés, pleins de honte. Cela, non parce qu'ils nous poussent à des actes répréhensibles, mais parce que nous les avons repoussés loin de nous, traités de façon scandaleuse, les humiliant en ne les écoutant pas et en nous souciant comme d'une guigne des couches inférieures de notre société psychique.

Ainsi, ces dialogues démontrent moins une hypothèse ou même un ensemble de faits qu'ils ne révèlent une voie de la thérapie, une méthode issue de Jung consistant à imaginer activement, en particulier le domaine inférieur : images d'inférieurs et images qui entraînent un comportement bas – cette méthode différant beaucoup des disciplines spirituelles qui, elles, se concentrent sur des idéaux et des buts élevés. De plus, la voie que nous proposons choisit de s'entretenir avec l'image plutôt que de l'interpréter, elle ne demande pas ce que l'image signifie mais ce qu'elle veut. Notre première tentative à partir de la question « Que veut l'âme ? » n'offre donc pas de réponse essentielle sur ce qu'elle veut, mais une réponse méthodique sur la manière de le découvrir.

L'interrogation comme méthode est comparable au fait d'écrire de la fiction, on l'appelle même parfois « imagination créatrice ». Le genre se rapproche beaucoup du *Bildungsroman*, c'est-à-dire d'un compte rendu édifiant des nombreuses rencontres à travers lesquelles l'auteur s'instruit – en l'occurrence grâce à l'âme. Néanmoins, il existe des dissemblances entre la rédaction de fiction et la méthode d'imagination active, dont certaines ont déjà été mentionnées. Je voudrais insister ici sur le contraste lié à l'intervention active dans la fiction de l'interlocuteur lui-même. Ces dialogues requièrent la participation de chacun à sa propre histoire, s'efforçant tout le long de jouer le rôle du personnage principal, à la première personne du singulier, du « je », aussi proche du réalisme social que possible, à la manière dont Carlos Castaneda, par exemple, préserve l'apparence de réalisme social en jouant l'anthropologue qui mène l'entretien dans ses dialogues imaginaires avec « Dom Juan ». Que l'imagination situe le récit à la Cour suprême, au Bedlam Hospital ou dans le harem du cheikh

Que veut l'âme ?

d'Arabie, le « je » est censé rester le « véritable soi réel », passionnément impliqué mais toujours inquisiteur, un personnage fictionnel de la réalité habituelle, nécessaire au style de l'histoire, tel le méticuleux scribe-auteur rapportant les aventures extraordinaires d'Adrian Leverkühn dans *Le Docteur Faustus* de Thomas Mann. La tâche de ce soi habituel est de s'instruire (ou de se soigner) en suivant son destin, le destin de son âme, en s'entêtant à se demander « Que veut l'âme ? » au fil des vicissitudes et des détours que l'imagination crée.

Ce que je voudrais surtout que nous retenions de ces documents est le malentendu qui survient inévitablement, montrant à quel point nous comprenons peu la psyché. Même animés des meilleures intentions, nous avons l'air de ne pas savoir nous y prendre – sachant que je cite des dialogues subtils émanant de personnes sensibles et sincères dans leur engagement. Dans bien d'autres cas, la personne se contente d'amorcer le processus en disant : « Bon, qui es-tu, qu'est-ce que tu veux ? », sur le ton parfaitement bourru et dépourvu de curiosité de quelqu'un qui est prêt à tirer sur l'intrus découvert dans le placard.

S'il y a bien une chose qu'il faut traiter avec soin et délicatesse, on serait en droit de penser que c'est l'âme. Après tout, nous vivons avec elle depuis la naissance et dormons toutes les nuits en sa présence. N'est-ce pas plus précieux que tout ? Pourtant, lorsque vous prenez une leçon de conduite ou de cuisine, vous êtes plus attentif à ce qui se dit que ces personnes vis-à-vis de leurs voix les plus intimes. La thérapie nous presse d'établir des communications et des relations humaines – or nous ne sommes pas capables de nous parler à nous-mêmes et de nous entendre correctement. Pareils au serpent, nos personnages intérieurs s'éloignent, offensés. Et pourquoi, lorsque nous finissons par entendre, sommes-nous presque immanquablement maladroits, commettant tous les impairs, comme le vieux veuf s'exhortant à aimer alors que ce n'était nullement ce que l'enfant demandait, ou comme le jeune chirurgien disant : « Je ne connais aucun nom. »

Le peu que nous avons vu confirme ce que dit Jung : le fait que nous ayons tous une psyché ne nous rend pas psychologues pour autant. Nous ne sommes pas psychologiques par nature. La psychologie n'est pas donnée, elle s'acquiert et, sans éducation psychologique, nous ne nous comprenons pas nous-même et nous faisons souffrir nos *daïmôns*. Ceci suggère que l'une des raisons d'entreprendre une psychothérapie, quelle que soit l'école et indépendamment de notre symptôme, est la quête d'une psychologie, c'est-à-dire d'un *logos* de l'âme qui soit en même temps une *thérapéia* de l'âme. Nous avons besoin d'acquérir la réaction intelligente qui rend l'âme intelligible, un art et une discipline qui permettent de l'appréhender, une manière astucieuse et érudite de prendre en compte ce qu'elle exprime. Et si le *logos* est sa thérapie, puisqu'il donne voix aux besoins de la psyché, alors la psy-

Que veut l'âme ?

chologie constitue une réponse à la question de savoir ce que l'âme veut.

La psychologie des profondeurs officielle a déjà formulé ce que l'âme veut. Le fait qu'elle puisse vouloir est en soi, pour l'école existentialiste, une révélation sur sa nature. Ses besoins reflètent l'effroi, l'abîme sans fond sur lequel repose l'existence psychique (*dasein*). L'existentialisme a bâti sa *Weltanschauung* sur les besoins de l'âme.

Si on comprend la question dans un sens freudien, alors ce que l'âme veut renvoie au besoin du ça, à un désir de satisfaction libidinale. De nouveau est échafaudée une vision de la réalité et d'un moi qui pourvoit à la fois aux besoins de l'âme et à ceux d'une réalité qui nie ces besoins.

Pris au sens jungien, ce que veut l'âme constitue le fondement de l'intentionnalité psychique. L'âme cherche le mystère initiatique (*télété*) qui signifie aussi accomplissement. Les besoins de l'âme sont téléologiques parce qu'elle n'est pas différenciée, entière ou unifiée : le processus d'individuation, dont le but (*télos*) est la totalité, répond aux besoins de l'âme.

Ces trois exemples montrent que la question posée nous conduit aux hypothèses primordiales de la psychologie des profondeurs. Nous voyons aussi que ces hypothèses (la peur, le désir d'accomplissement, la totalité) sont des réponses métapsychologiques à la question de l'âme. Les voix dans les dialogues s'expriment de façon plus particularisée, mais elles soulèvent chaque fois la question de l'infériorité, soit comme ce que ressent celui qui interroge, soit comme faisant partie de l'image de la voix. Les voix ne fournissent pas une réponse métapsychologique globale, mais elles nous confrontent effectivement à la relation psychologique immédiate avec l'âme en termes d'infériorité. Afin de tenter de résoudre ce problème de l'infériorité, qui apparaît comme un point central pour notre propos, tournons-nous vers l'histoire de la psychothérapie et vers des perspectives plus théoriques. Comme vous vous en doutez peut-être, c'est sur la pensée d'Alfred Adler qu'il nous faut porter notre attention.

2. Poétique de la thérapie adlérienne

> « Quiconque s'intéresse à la "psychanalyse" et veut avoir une vue satisfaisante de l'ensemble du champ psychiatrique moderne ne devra pas manquer d'étudier les écrits de [Alfred] Adler. Il les trouvera extrêmement stimulants... »
>
> C. G. JUNG, *CW* 4, para. 756
> (Introduction à Kranefeldt,
> « Les chemins secrets de l'esprit », 1930,
> inédit en français)

Aujourd'hui, l'étudiant en psychologie des profondeurs reconnaît Alfred Adler comme l'un des membres du triumvirat[2] à l'origine de cette discipline, mais il a tendance à en rester là. Il n'existe

Que veut l'âme ?

pas d'archives Adler, pas de volume de ses lettres, peu de photographies, et son nom est généralement absent des rituels de pop-psychologie. Adler est un Austro-Hongrois du Burgenland (pays de Liszt et de Haydn), un médecin généraliste ayant reçu une formation en ophtalmologie, un juif qui plus tard se convertira au protestantisme. Il est trapu, pâle et replet, doté d'un puissant front. Il sert sur le front russe pendant la Première Guerre mondiale et passe presque toute sa vie à Vienne. Il a environ quatorze ans de moins que Freud et cinq de plus que Jung, et est lui-même âgé de trente-deux ans lorsque, en 1902, à l'invitation de Freud, il rejoint le petit cercle de cinq personnes formant la communauté psychanalytique originelle. Quelques années plus tard, en 1907, l'année de la publication du travail de référence de Jung sur « La psychologie de la démence précoce » (in *Psychogenèse des maladies mentales*), Adler fit paraître son classique *Über Minderwertigkeit von Organen*, qui 49 années plus tard en français fut intitulé *La compensation psychique de l'état d'infériorité des organes*.

Le peu de cas qui est fait du talent d'Adler est en partie imputable à l'homme lui-même, dont l'esprit aimable et l'intelligence aiguë étaient soit consacrés à raconter des plaisanteries au cours de conversations dans les cafés, soit masqués par une manière d'écrire qui à la fois simplifiait à l'extrême une pensée et l'embrouillait dans la même phrase. Sa sensibilité psychique le portait à apprécier la musique et le chant, ainsi qu'à se consacrer aux tailleurs, professeurs et assistantes sociales – une clientèle très différente de celle de Freud et de Jung –, et l'isolement survenu par la suite, contrastant avec la noblesse stoïque et patriarcale de Freud face à la douleur ou avec l'envergure imposante d'un immense savoir pour Jung, prend la forme d'un exil tourmenté dans un appartement de New York pendant la dépression économique, de soirées au cinéma plutôt que dans la *Schreibstube*. Enfin, la mort l'atteint à l'âge de soixante-sept ans, dans la rue d'une lointaine ville écossaise. Comme ses brillants collègues, Adler incarne aussi à travers sa vie et sa mort ses idées principales : infériorité de l'homme et sens de la camaraderie.

La publication de la correspondance entre Freud et Jung les propulse tous les deux, sur le triumvirat d'origine, plus que jamais sur le devant de la scène. Le lien entre la pensée de Jung et celle d'Adler a été particulièrement occulté par leurs disciples[3]. La vaste et minutieuse étude qu'Ellenberger consacre à la naissance de la psychologie des profondeurs ne comporte par exemple que deux brèves références à Jung dans son chapitre sur Adler. Jung lui-même connaissait bien les principales œuvres initiales d'Adler, donnant un résumé de leur contenu dans ses propres écrits et lui rendant hommage à maintes reprises. Lors de la bataille entre Adler et Freud, Jung fut d'abord du côté de Freud, puis, dans une lettre cruciale (*LFJ*, décembre 1912, J335), un lapsus de Jung indique qu'il s'identifie avec Adler et sa volonté d'indépendance.

Que veut l'âme ?

Mais Jung et Adler ont davantage en commun que leur différend avec Freud. Tous deux ont été influencés par Kant et Nietzsche et s'appuient sur des fondements communs – bien qu'ils les mettent différemment en œuvre – comme la quête du sens, l'individualité, la conscience collective et le sentiment de camaraderie, les contraires et le mécanisme de compensation, ainsi que la bisexualité psychique. Si l'œuvre de Jung présente des similitudes avec celle de Freud, on en trouverait bien davantage entre Jung et Adler.

Le travail d'Adler amène sur le plan pratique le thème du destin de l'homme sur lequel porte ce chapitre et qui constitue un thème majeur de ce livre : que faire de notre sentiment d'imperfection ? Comment le vivre ? S'il existe une infériorité primordiale en chacun de nous, alors même que nous aspirons fondamentalement à la perfection, comment pouvons-nous reconnaître notre bassesse et atteindre notre sommet ? N'est-ce pas là la guérison que nous cherchons : être délivré de la double malédiction de notre mythe occidental que sont la vision spirituelle de la perfection et la limitation fondamentale de la matière – deux fictions archétypiques qui ont même déterminé les deux sens du mot anglais *want* comme besoin impérieux et comme vide et manque ? En outre : quel est le lien entre la place de la fiction dans la guérison recherchée et celle de la psyché prise entre les perfections spirituelles et les limitations de la matière ? Adler est le psychologue des profondeurs qui a pris ces thèmes – dualité humaine, infériorité, perfection, fiction – comme éléments de base pour élaborer sa métaphore de la nature humaine.

Peut-être est-il plus facile d'imaginer ces constructions mentales sous forme de fictions, si nous voulons être fidèles à Adler. Car, malgré la monotonie caractéristique de son style, il n'est pas aussi littéral et dépourvu d'imagination qu'il en a l'air. Toutes ses constructions mentales de base peuvent être déchiffrées comme une poétique de la vie, tout comme la théorie des rêves de Freud et celle des images archétypiques de Jung relèvent de la poétique et sont des entreprises imaginaires.

a) L'état d'infériorité des organes et l'infériorité de l'organique

Il existait déjà dans le rituel médical égyptien une relation entre des organes précis du corps et certaines images divines spécifiques. Lors de la préparation d'une momie, les poumons étaient placés dans un vase en forme de babouin, les intestins dans un vase à couvercle de faucon, l'estomac dans un vase à tête de chacal et le foie dans un vase à tête humaine. Les organes étaient physiquement rangés dans la « catégorie » des images divines ou des structures archétypiques à laquelle on a dû imaginer qu'ils correspondaient ou appartenaient[4]. Durant toute la période médiévale, en raison à la fois de Galien et de l'islam, la médecine a attribué différents types d'âmes (animale, végétale, générative,

Que veut l'âme ?

spirituelle, sanguine) à différentes zones et systèmes du corps. Plus récemment, Platner (1744-1818) imagine que chaque organe majeur est doté de sa propre force vitale, et Domrich, au milieu du XIXe siècle, met en évidence le lien entre des émotions particulières et des organes spécifiques. Vers la fin du XIXe siècle, Wernicke considère que les principaux organes possèdent des représentations symboliques propres. Jung se réfère à l'idée de Wernicke (*Problèmes de l'âme moderne*, Buchet-Chastel, 1961, traduction Y. Le Lay, p. 74 ; *Psychologie et Alchimie*, Buchet-Chastel, 1970, traduction H. Pernet et R. Cahen, p. 432-3) et, dans ses conférences de Tavistock (conférences II et IV, « Théorie et pratique de la psychologie analytique », 1935, inédites en français), il établit plusieurs tentatives de diagnostic surprenantes en associant des images psychiques et des organes du corps[5]. La théorie freudienne des traits de caractère fondés sur différentes zones érogènes sur le plan psychologique se situe dans une perspective similaire.

La contribution apportée par Adler est à la fois plus détaillée et plus générale. Il affirme qu'en chacun de nous se trouve une zone de moindre résistance, un talon d'Achille organique qui détermine les grandes lignes de notre vie psychique. Parmi ses nombreux exemples, il cite « l'état de dégénérescence de l'oreille de Mozart, [l'otospongiose] de Beethoven, l'oreille de Bruckner stigmatisée par son naevus », les phénomènes hallucina-

La fiction qui soigne

toires dans la psychose de Schumann, ainsi que la supposée surdité d'enfance de Clara Schumann (*IO*, p. 93-3). Dans un autre exemple, il se réfère à une étude montrant que 70 % des élèves dans les écoles de peinture présentent des anomalies de l'appareil visuel (*IO*, p. 93-4).

Adler établit une relation de terme à terme entre l'anomalie organique et l'activité psychique : oreilles-musique. La dimension par trop simpliste et non scientifique de cette hypothèse lui a été reprochée par la commission universitaire qui a refusé à l'unanimité sa candidature pour un poste de Privat-Dozent à l'université de Vienne (*Ell*, p. 606). Sa théorie concernant l'état d'infériorité des organes ne fut pas jugée suffisamment scientifique selon les critères de l'époque, tout d'abord parce qu'elle tient les organes pour des systèmes fonctionnels complets liés à une constitution (qui ne se confond pas avec l'hérédité), et, deuxièmement, parce qu'elle néglige le niveau microscopique des organes et des relations entre eux.

Ce n'est donc pas la notion *littérale sur le plan physiologique* d'organes inférieurs qui retient notre attention, mais plutôt la dimension *imaginative sur le plan psychologique* : l'idée que toute notre vie psychique émane d'un sens de faiblesse organique – moins d'un organe inférieur que d'une infériorité organique –, que nous, en tant que créatures incarnées dans un corps, sommes faibles par nature, et que c'est en réalité cette infériorité qui stimule notre vie psychique et la pousse à l'action (*Lou*, p. 392).

Que veut l'âme ?

Selon les termes d'Adler : « le sentiment d'infériorité que tels ou tels organes inspirent à l'individu devient un facteur permanent de son développement psychique » (*TN*, p. 21). « J'ai attiré l'attention sur l'intérêt et la sollicitude particuliers dont l'organe inférieur est l'objet » (*TN*, p. 27). L'un ou l'autre de nos systèmes organiques – la gorge et la déglutition, les genoux et leur souplesse à se fléchir, la peau et sa sensibilité à la fois expressive et protectrice – devient le complexe ou l'image sur lesquels se concentre notre attention psychique, tout comme la *petite tache humide** sur le poumon de Hans Castorp est l'image qui engendre une montagne magique d'activités psychiques.

L'organe inférieur s'exprime : il existe ce qu'Adler nomme un « dialecte des organes », un « jargon des organes », qui nous renseigne sur nous-même quand nous savons parler sa langue. L'organe touché requiert notre attention constante, comme une image qui nous gouverne, il offre « une mine inépuisable de matériaux » (*TN*, p. 25) à nos visions psychiques imaginaires et à nos comportements. Ainsi, ce sont ces zones inférieures, grâce aussi à « l'attention et la concentration intérieures » dont elles sont l'objet (*TN*, p. 25), qui recèlent précisément nos plus grandes potentialités. « Toute notre culture humaine repose sur des sentiments d'infériorité » (*L*, para. 45).

Il ne faut pas prendre de façon trop littérale ou restrictive la localisation de l'organe ou le sentiment d'infériorité. Par là, Adler désigne aussi les singularités extrêmes de toutes sortes, y compris la grande beauté (*OC 67*, para. 473). Néanmoins, la vie de l'âme prend sa source dans un sentiment d'infériorité singulière localisée au sein d'une image organique essentielle, cette zone devenant à la fois une *pars pro toto* de l'infériorité inhérente aux êtres créés en général, et aussi, en particulier, une image dans la chair qui, tel un *daïmôn*, protège et guide la croissance réelle de la vie psychique individuelle. Nous nous développons autour de nos points faibles, nous nous en nourrissons, ils nous sont nécessaires. Ainsi, tout traitement imaginaire qui perd de vue ce sens de l'infériorité organique, sa localisation particulière au sein d'une image corporelle, perd aussi, si nous suivons Adler à cette profondeur, jusqu'au sens de l'âme elle-même. Dans une lettre à Lou Andreas-Salomé, il écrit et souligne (*Lou*, p. 392) : « Le "*pouvoir vivre d'une créature inférieure s'appelle Psyché*". » Il semblerait que pour avoir un sens de l'âme, il faille se sentir inférieur. À travers Adler, la vieille quête de la localisation corporelle de l'âme prend un sens nouveau : l'âme est notre zone de moindre résistance.

L'idée adlérienne de l'état d'infériorité des organes nous révèle plusieurs choses en matière de guérison. Tout d'abord, elle déplace l'« inconscient » d'une région mentale vers l'expérience sentie de l'infériorité. L'inconscient est la souffrance immédiate de l'inadaptation, et nous produisons continuellement de l'inconscience en nous défendant contre le sentiment d'infériorité. Deuxièmement, Adler suggère la valeur des symptômes corporels. Puisqu'ils nous rappellent notre infériorité, ils nous permettent de rester en contact avec l'âme. « Au sein de ton symptôme gît ton âme » pourrait valoir comme devise. Troisièmement, Adler reformule la tension ancienne entre la part spirituelle et l'âme, la trouvant à l'œuvre dans la vie humaine depuis la plus tendre enfance. La part en nous qui aspire à s'élever, considérée historiquement comme spirituelle, réprime l'autre part, jugeant qu'elle-même est parfaite et sa partenaire féminine et inférieure. L'âme est poussée par la perspective spirituelle hiérarchisée dans des zones qu'elle considère comme encore plus distales et basses, le corps organique, où elle manifeste sa présence à travers les symptômes.

b) La pensée névrotique et l'hermaphrodite

L'infériorité se traduit dans notre façon de penser. À cause des sentiments d'infériorité et d'insécurité que nous éprouvons, nous élaborons des constructions mentales permettant de tenir à distance ces sentiments. Ces abstractions servent de fictions dominantes, de visions imaginaires directrices, grâce auxquelles s'effectue notre aperception du monde. La plus fondamentale de ces protections névrotiques, peut-être celle à laquelle toutes les autres peuvent se réduire, Adler l'appelle « schéma antithétique », fondé « sur le principe de l'opposition » (*TN*, p. 67

et sqq, p. 72 et sqq). L'esprit forge des pôles opposés : fort/faible, haut/bas, masculin/féminin, et ces *fictions* dominantes déterminent nos modes d'expérience. Les antithèses divisent nettement le monde, nous fournissant l'occasion d'exercer notre pouvoir à travers des actions énergiques, ce qui nous évite de nous sentir faibles et handicapés. Plus important encore que ces paires est le fait que la pensée antithétique elle-même offre une confortable garantie contre la véritable réalité du monde, qui selon Adler est un monde de différenciations qui s'estompent et non d'oppositions (*L*, para. 74). Pour lui, penser que les contraires abstraits reflètent la réalité est en soi névrotique, puisque toutes les antithèses se réfèrent en fin de compte au schéma fondateur supérieur/inférieur, incarné dans la société par l'opposition masculin/féminin.

Ainsi, la pensée antithétique, plutôt que de servir une logique de réalité, engendre une magie du pouvoir sur elle ; en cela, elle caractérise aussi l'esprit primitif (comme Lévi-Strauss l'a depuis lors « découvert » à travers sa structure binaire du mythe). Comme le dit Adler, que ce soit dans « la mythologie, les légendes, la cosmogénie [*sic*], la théogénie [*sic*], l'art primitif, la production psychotique et les débuts de la philosophie [...] les phénomènes sont nettement séparés par une fiction qui abstrait. Ce qui pousse à cela [...], c'est la tendance à la préservation » (*A&A*, para. 248). Ces « catégories antithétiques d'Aristote et [les] tables d'opposition de Pythagore, découle[nt] également du sentiment d'insécurité... Contrairement à ce que pensent la plupart, il [ne] s'agit [pas] là [...] d'une opposition inhérente à la nature des choses... » (*TN*, p. 36 ; *A&A*, para. 229)[6].

La raison suprême qui nous fait penser selon des contraires est la paire masculin/féminin, « la seule "opposition réelle" » (*TN*, p. 234), qui à son tour peut remonter à l'expérience de l'« hermaphrodisme psychique[7] » (titre d'un article d'Adler de 1910) de la petite enfance. « Le psychisme possède à la fois des composantes féminines et masculines » (*PI*, p. 37), et depuis l'enfance nous identifions avec le féminin non seulement la faiblesse et l'infériorité, mais *aussi l'ambivalence causée par cette faiblesse.* De plus, l'ambivalence hermaphrodite elle-même est signe d'infériorité, et « l'aperception s'effectue alors d'après [un] schéma rigoureusement antithétique », qui nous protège d'elle (*TN*, p. 147). Nous sommes persuadés par la société qu'« il existe seulement deux possibilités pour s'orienter [deux rôles sexuels] [...] suivant la manière d'une femme ou suivant celle d'un homme... » (*CH*, p. 157) et un « clivage » se produit (*TN*, p. 170). L'alternative tranchée soit/soit est requise pour faire face à cette incertitude, la même pensée soit/soit que Jung associe à la fois à la conscience du moi (*Métamorphoses de l'âme et ses symboles*, p. 52 et 66-7 ; *La guérison psychologique*, Georg, Genève, 1953-1984, traduction R. Cahen, p. 77) et à l'unilatéralité de la psyché (*CW* 16, para. 257, « Problème spécifique de la psychothérapie. I. La valeur de l'abréaction », inédit en français ; *Psychogenèse des maladies mentales*, p. 247-56).

Nous pouvons à ce propos remarquer que la « découverte » de l'inconscient est survenue en même temps que le « dévoilement » de la bisexualité. Depuis lors, la psychologie des profondeurs – depuis Fliess, Weininger, Ellis et Lombroso jusqu'à Freud, Adler et Jung, puis encore à Neumann, au cerveau à deux hémisphères et à l'engouement pour l'androgynie – continue à mélanger ces deux types de natures doubles. La bisexualité devient indissociable de la bi-mentalité, au point que les deux sortes d'activité mentale sont marquées de signes sexuels, et l'intellect divisé est imaginé en termes sexués (*PI*, p. 38).

Je soupçonne la présence d'une personne archétypique tapie dans cette fiction, le personnage précisément invoqué par Adler, Hermaphrodite, qui réunit deux sexes mais aussi les principaux thèmes de la psychologie des profondeurs : les secrets hermétiques et l'herméneutique avec l'imagination érotique qui sexualise ce qu'elle éprouve. Hermaphrodite est l'enfant d'Hermès et d'Aphrodite, il témoigne de tout un mythème[8] qui est à la fois honteux, libidinal, contre nature, incroyablement bizarre et qui, pourtant, nous entraîne dans le mystère en suscitant une insatiable curiosité.

À lui seul, ce personnage se présente sous forme de contraires antithétiques qui relèvent de son essence même mais ne peuvent être pris littérale-

Que veut l'âme ?

ment. Nous sommes confrontés à des ambivalences déconcertantes, une part lascive qui sait (l'élément sexuel de la pulsion hermétique) et un inconnu incompréhensible (la résistance du secret hermétique). Si repoussant qu'il puisse paraître, ce personnage est l'enfant d'Aphrodite, toujours doté d'un fort pouvoir de séduction. Comme l'hermaphrodite, la psychologie des profondeurs propose toujours de nouvelles énigmes à déchiffrer, elle peut effleurer la libido sans érotisme et transposer les visions imaginaires dans des amours impossibles qui ne sont pas destinées à la procréation naturaliste. La psychologie des profondeurs a tenté de réduire ces phénomènes à diverses explications rationnelles, mais il vaut mieux en chercher le fondement mythique dans le personnage évoqué par Adler.

Non seulement Adler, mais aussi Freud et Jung semblent faire reposer sur l'hermaphrodite leur vision des buts de l'analyse. Pour Freud, ce but est de surmonter la peur de la castration pour les hommes et le désir du pénis pour les femmes ; pour Jung, le but s'exprime à travers l'image explicite sur le plan sexuel de l'inceste, du mariage divin et de la *conjunctio* hermaphrodite. Seule l'image grotesque d'Hermaphrodite peut permettre de comprendre le fait que ces idées scientifiques, mesurées et sérieuses se trouvent exprimées dans un langage des organes à ce point bizarre et presque pornographique.

Si le fait de rétablir l'hermaphroditisme psychique d'une façon ou d'une autre est essentiel à la notion de traitement dans les trois thérapies des profondeurs, toute tentative de disjonction est contre-indiquée. Il vaut mieux ne pas chercher dans le moi défini sur le modèle du héros, avec son épée de décision, ce qui nous conduira à la guérison. Il n'est qu'une forme supplémentaire prise par la force de scission de la protestation virile contre l'infériorité, et son pied œdipien, son talon d'Achille et sa tenue d'Hercule sont signes d'un hermaphrodisme inné. L'hermaphrodisme psychique maintient les juxtapositions sans les ressentir comme des oppositions. Ces oppositions entre conscient et inconscient, masculin et féminin, positif et négatif, âme personnelle et monde extérieur rompent l'ambivalence naturelle de l'hermaphrodite. Car Hermaphrodite offre une image dans laquelle le naturel est contre nature, une image primordiale de *contra naturam*. L'attitude physique des corps naturels et des sexes biologiques est réévaluée selon les configurations de l'imagination non naturelle. La nature est transformée par la déformation imaginaire, la *physis* par la *poïèsis*.

Cela nous indique quel type de fictions soigne : la fiction grotesque, irréalisable, non littérale, dont est organiquement exclue toute unicité de sens. Ne s'agit-il pas là de la fiction *en soi* ? Est-ce la raison pour laquelle la psychothérapie, au désespoir après des siècles d'édification rationnelle, se tourne vers les mythes pour asseoir sa thérapie, car sans les mythes l'hermaphrodite devient un transsexuel triste et étrange, un cas clinique littéral dépourvu

Que veut l'âme ?

d'histoire fictionnelle. Si Asclépios est le personnage archétypique du guéris*seur*, Hermaphrodite est le personnage archétypique de la guéri*son*, la guérison psychique de l'imagination, la fiction qui soigne, le guérisseur fictionnel auquel aucun pronom personnel ne convient, qui ne peut exister dans la vie mais est nécessaire en imagination.

Ce personnage nous aide aussi à revoir le schéma antithétique de pensée, qui devient un mode de prise de conscience siamois-jumeau. L'un est toujours jamais seulement un, toujours inséparablement lié en une syzygie, et sa compréhension se fait à partir d'un élément d'une paire[9]. Au sein de ces tandems, nous devenons capables de réfléchir à la prise de conscience elle-même, de regarder notre propre regard. Chaque prise de conscience suppose une perspective à partir de laquelle elle est saisie : tout ce qui m'apparaît à moi comme inférieur et faible est perçu à partir du jumeau de la supériorité et de la force. Rien n'existe en tant que tel. Je ne peux voir aucun brin de paille sans apercevoir en même temps la poutre en moi.

Ainsi, face à la pensée antithétique, notre question ne sera plus de savoir comment réunir, transcender, trouver un tiers synthétique ou engendrer un androgyne. Car de telles initiatives prennent les antithèses au pied de la lettre, empêchant l'intellect de se déprendre de ses constructions névrotiques, de passer des faits freudiens aux fictions adlériennes (*Lou*, p. 291-2 et 359-60). Au lieu de cela, notre question sera : qu'avons-nous déjà fait pour perdre le jumeau qui nous était donné avec l'âme : les sentiments d'ambivalence, d'infériorité et même de honte associés à notre hermaphrodite psychique. Ce personnage, masqué au sein des « contraires » (qui servent de défenses contre lui), est aussi le personnage incarné comme but par la thérapie dans son travail : un travail étrange, tout à fait contre nature et fantastique, voire honteux s'il en est.

c) Les buts fictionnels

La principale évolution préjudiciable qui consiste à s'éloigner de la double nature de l'âme, Adler l'appelle « la protestation virile », le besoin de vaincre, d'avoir le dessus. Il l'appelle aussi la « recherche de la perfection » ou la « supériorité ». Au départ, il l'explique par diverses raisons : le darwinisme social et la lutte pour la survie, l'infériorité biologique des organes et le besoin de surmonter sa faiblesse, la volonté de puissance nietzschéenne. (Au même moment, Jung [*Métamorphoses de l'âme et ses symboles*] imagine le passage de l'ambiguïté à la conscience solaire dirigée dans les termes du mythe du héros.) Au fur et à mesure que la pensée d'Adler mûrit, il abandonne le besoin de fonder le désir de perfection sur quoi que ce soit d'autre que sur l'être humain, l'individu. Ce désir est *sui generis* à la nature humaine, « un effort, une envie forte, quelque chose sans quoi la vie serait impensable » (*A&A*, para. 104). Dans ses derniers écrits, l'avant-scène et l'arrière-plan sont intervertis : ce n'est pas l'infériorité qui nous pousse vers la supériorité, mais les sentiments d'infériorité qui résultent de l'aspiration « innée » à la perfection. Non plus l'âme craintive et sa faiblesse organique compensée par une supériorité spirituelle, mais la part spirituelle réclamant plus que l'âme ne peut accomplir.

Nous devons nous garder d'entendre Adler seulement d'une oreille jungienne, supposant que le « grand désir d'être en haut », comme le nomme Adler, est le Soi en tant que réalité littérale.

C'est un point important et subtil. Adler dit : « Le fait de tendre vers la perfection est inné. Cela n'est pas à prendre dans un sens concret, comme s'il existait une pulsion [...] capable d'amener toute chose à la plénitude et ne demandant qu'à se développer » (*A&A*, para. 104). Je suppose qu'il établit une distinction entre un finalisme spirituel inhérent qui caractérise tout effort psychique et les buts fictionnels au moyen desquels l'âme imagine ces visées idéales. Il nous met en garde contre le fait de prendre l'« inné » comme une pulsion littérale (dans un sens freudien) ou comme un fait empirique nécessitant de réunir des preuves (dans un sens jungien). Nous tendons vers la perfection, mais la perfection ne représente aucun but empirique concret. Adler répondrait peut-être dans un premier temps à notre question sur les besoins de l'âme en disant qu'elle veut parce que sa cause finale, son *télos*, doit demeurer inaccomplie. Tous ses mouvements découlent d'une intentionnalité innée, mais elle ne peut jamais énoncer son intentionnalité à travers un quelconque but littéral.

Telle est la subtilité de la pensée d'Adler, car son « effort vers la perfection » est une notion spirituelle qui ne peut se fixer dans aucune de ses formes révélées, même si cette notion confère à tout effort son sens. Ici, Adler est proche du Jung qui considère la finalité comme un *point de vue* sur tous les événements psychiques – le fait de percevoir leur intentionnalité – plutôt que du Jung qui a tendance à prendre le but au pied de la lettre et à en faire un processus démontrable d'individuation du Soi.

Adler peut s'éloigner de la littéralité, ce que Freud et Jung n'avaient pu faire, parce qu'il possède une source autre que les leurs : la philosophie du « comme si » [*als ob*] de Hans Vaihinger, envers laquelle Adler reconnaît toute sa dette. (Cf. *PI*, p. 227 et 232-3 ; *TN*, *passim* ; *Ell*, p. 628-30 et 654 ; *A&A*, para. 76-89.) Bien qu'Adler ne soit pas toujours en mesure de percevoir ses propres usages littéraux sous forme de « comme si [10] », rien dans sa psychologie n'est plus caractéristique ou plus précieux pour nous que sa compréhension de la dimension entièrement *fictionnelle* de notre intellect. Comme le dit Vaihinger : « tout ce qui est subjectif est fictionnel » (*V*, para. 108). La psyché construit, elle invente des images qui servent à diriger l'intellect – Adler les appelle des « fictions directrices ».

Ainsi, la perfection est une fiction nécessaire, nécessaire d'un point de vue pragmatique, tout

Que veut l'âme ?

comme la vérité constitue « simplement l'erreur la plus commode » (*V*, para. 108). Lorsque nous comprenons que le but de la perfection vers lequel tendent nos efforts est impossible à atteindre, dans tous les sens objectifs et littéraux, alors nous sommes en mesure de reconnaître à quel point cette fiction de perfection est vitale. La psyché produit des buts comme on lance des appâts pour attraper du poisson vivant, des fictions pour déclencher et guider l'action. Selon Jung : « Un but spirituel qui vise au-delà [...] est une nécessité absolue pour la santé de l'âme » (*Problème de l'âme moderne*, p. 251). Une fois encore, ce n'est pas le but déterminé, l'objectif énoncé, mais le sens de la visée à la fois chez Adler et chez Jung qui est fécond. Tel est le point de vue finaliste : « il n'y a pas de processus psychique qui soit "sans but" », selon Jung (*Métamorphoses de l'âme*, p. 127). Tout importe, tout a un sens. Chacun ressent l'objectif, sait qu'il existe un chemin et que chacun suit le sien, un processus « vers » qu'Adler appelle « tendance à la perfection » et Jung « processus d'individuation ».

Le chemin en grec se dit *méthodos*, la méthode. Comprendre ce dont Adler et Jung parlent chacun passe par le chemin ou la méthode de la psychothérapie, dont le but essentiel est de maintenir par sa méthode le sens d'un cheminement. Le seul moyen d'entretenir ce cheminement est d'empêcher l'intentionnalité de se traduire littéralement par des buts déterminés. Les objectifs, surtout les plus élevés et les plus nobles, agissent comme des idées surévaluées et engendrent des illusions qui jouent le rôle protecteur majeur de la paranoïa, ces idéaux imposants qui se répandent et caractérisent les buts positifs de nombre d'écoles de thérapie actuellement. Nous voyons assez l'effet désastreux des buts dans la vie quotidienne, où le fait de croire qu'une idée prépondérante détermine notre but dans la vie, ce que nous devons faire et la *raison d'être** de notre existence se révèle précisément l'objectif qui nous barre la route. Par conséquent, la *psycho*thérapie s'en tient à l'homme inférieur, aux orbites réduites des chemins comme buts, on pourrait même peut-être la définir comme la méthode réduite dont la réduction est le chemin.

Dans la mesure où un but est une fiction directrice qui indique une voie, c'est une fiction qui soigne. « Être guéri » est ce but qui nous amène à la thérapie, et nous sommes guéris de ce but lorsque nous reconnaissons en lui une fiction. Mais le but comme fiction est devenu une réalité psychique en lui-même, si bien que le chemin est effectivement devenu le but. Cette manière de guérir en s'écartant de la littéralité, ironique, insaisissable et paradoxale, qui semble accomplir et faire échouer dans un même mouvement nos efforts (comme si les deux sens du mot *want*, le manque et le besoin, se rejoignaient soudain), témoigne de la conscience mercurienne d'Hermès, guide des âmes, guide des chemins.

Ainsi, le mieux que puisse faire la psychothérapie est d'être attentive au sens fictionnel. Les buts vers lesquels elle tend (la maturité, la plénitude, la totalité, l'accomplissement) peuvent alors être mis au jour comme des fictions directrices. De la sorte, ils ne barrent pas le chemin. Plutôt que de soutenir le « grand désir d'être en haut », la thérapie a pour tâche d'invalider la littéralité des fictions dans lesquelles le but s'est fixé et qui nous servent en réalité à nous défendre grâce à nos buts contre la tendance innée de l'âme « vers ». C'est là une thérapie des « perspectives » (*CH*, p. 29). De ce fait, les buts spirituels ne se changent pas en illusions qu'il s'agit d'écarter avec cynisme sous prétexte que ce sont « seulement » des fictions. Nous ne les entendons tout simplement pas selon leurs propres termes littéraux comme des buts et des vérités. En tant que perspectives fictionnelles ou visions imaginaires, ils sont féconds et commodes, puisque la valeur de la fiction réside dans le fait qu'il s'agit d'une « erreur plus consciente, plus pratique et plus productive » (*V*, para. 94).

Il semble que le sens de la fiction devienne le but de la psychothérapie et doive être le chemin nous permettant d'atteindre la perfection. Ceci suggère que la seule perfection que puisse vouloir l'âme est la perfection de sa compréhension fictionnelle, son propre accomplissement à travers ses images, étant elle-même une fiction parmi d'autres fictions. La thérapie soumet l'âme à un processus qui gomme les preuves de son existence (*Ell*, p. 628) au sein de perspectives. Cette méthode qui recourt au « comme si » laisse la voie libre, et c'est là que l'approche adlérienne rejoint le plus l'idée religieuse que le but ultime est le cheminement lui-même, en l'occurrence le chemin de la fiction.

d) *Gemeinschaftsgefühl*

La quatrième composante majeure de la théorie adlérienne est le *Gemeinschaftsgefühl*, le sens de la communauté ou l'intérêt social. « Nous refusons de reconnaître et d'étudier un être humain isolé » (*A&A*, para. 126), car il n'y a pas moyen d'échapper à « la logique ironique de la vie communautaire » (*A&A*, para. 127). Malgré une littéralité doctrinaire, la conception subjectiviste propre d'Adler demeure, car l'intérêt social n'est pas un « fait » social mais un « sens » social, « le sentiment d'appartenance intime au spectre tout entier de l'humanité » (*OC*, para. 472), *sub specie aeternitatis* (*A&A*, para. 142). La logique ironique de l'ancrage social n'est pas envisagée d'un point de vue sociologique mais psychologique. Ce n'est pas simplement que la société est première, mais que la psyché est intrinsèquement *mitmenschlich*.

Adler ne se préoccupe pas des seules circonstances, mais de leur signification (*L*, para. 9f) pour l'individu, y compris d'un point de vue social. Il ne faut pas perdre de vue que l'intérêt social adlérien, de sa période initiale de socialisme marxiste à son idéalisme altruiste plus tardif, est *psycho*-social, de même que l'intérêt de Freud pour la sexualité est *psycho*-sexuel. Plus tard, les conceptions de Freud

Que veut l'âme ?

et d'Adler ont toutes deux été prises au pied de la lettre par des esprits moins subtils qu'eux. De même qu'il est erroné de croire que Freud s'intéresse à la sexualité en elle-même, il est faux de croire qu'Adler s'intéresse à la société (ou Jung à la religion). Dans sa psychologie, Adler énonce l'altruisme inhérent à la psyché, tout comme Freud développe la sexualité de la psyché et Jung sa religiosité.

Ainsi, l'être social est une nécessité de l'être humain. Plus la personne devient entière et mature, plus cet intérêt social détermine son comportement et ses buts[11]. En tant qu'êtres doués d'âme, nous nous sentons reliés de façon innée avec toute l'humanité passée, présente et future. Là où Jung démontre cette connexion universelle objectivement, en termes de schèmes archétypiques se répétant à travers l'histoire, la culture et les instincts, Adler se soucie du sentiment et de l'activité par lesquels ce lien se manifeste – comment il opère à l'usage. Comment les êtres humains se comportent-ils eu égard à leur sentiment altruiste de communauté universelle ? À l'arrière-plan philosophique se trouve ici l'éthique de Kant et son impératif des relations humaines.

Comment est-il possible de faire coïncider cet idéal éthique kantien avec la volonté de puissance nietzschéenne ? Réponse : dans le monde ! Le conflit apparent entre « les deux grandes tendances », le *Gemeinschaftsgefühl* inné et la pulsion innée de supériorité (*CH*, p. 190) est résolu dans la théorie adlérienne au moyen d'une idée de raison également empruntée à Kant. Pour qu'une fiction directrice soit utile sur le plan heuristique sans s'avérer névrotique, elle doit être raisonnable et refléter le sens commun, des conclusions généralement valables concernant le monde tel qu'il est. Pour être supérieur il faut être raisonnable, ce qui implique de reconnaître l'intérêt social afin que nos actions soient supérieures du point de vue du monde et profitables aux autres.

Ainsi, pour Adler, le génie n'est pas un homme à part, en avance sur son temps, un exclu. « Un homme génial est avant tout un homme au plus haut point utile. » « L'humanité ne qualifie certains individus de génies que s'ils ont largement contribué au bien-être commun. Un génie qui n'aurait légué à l'humanité après lui aucun avantage est inconcevable » (*A&A*, para. 153). La fiction suprême de la supériorité à son degré ultime, la vision imaginaire du génie, est aussi au service du *Gemeinschaftsgefühl*. En fait, un génie est celui qui est le plus à même de percevoir la logique de fer de la vie communautaire et d'amener à l'expression l'« interdépendance générale du cosmos qui vit en nous, auquel nous ne pouvons pas nous arracher totalement et qui nous rend capables de ressentir ce que sentent les autres êtres » (*Ell*, p. 632).

Ainsi, lorsque nous demandons de nouveau à Adler ce que l'âme veut, quelles sont ses intentions innées, nous l'entendons maintenant répondre : elle veut la communauté. Elle veut vivre douée de raison dans un monde qui reflète le sens cosmique, par le passé, à l'époque actuelle et pour l'éternité, là où l'âme en tant que potentiellement porteuse de cet ordre s'efforce en direction d'un but et donne sens à chaque acte, comme si chaque acte « contribuait » à la vie, la faisant évoluer vers la perfection communautaire et cosmique. « La collaboration est le véritable sens de la vie » (*L*, para. 14).

Mais – et cette restriction est de taille –, selon Adler, « le royaume du sens est le royaume des erreurs » (*L*, para. 9), de sorte que chaque fois que nous attribuons un sens à ce que l'âme veut, et il dit qu'il existe autant de sens que d'êtres humains, « nous commettons plus ou moins une erreur ». D'où le fait que *ce que l'âme veut* doit nécessairement relever d'une compréhension fictionnelle erronée de chaque sens qu'elle propose. Cette voie est la seule qui accorde à la communauté humaine la perfection même qu'Adler envisage.

Nous ne pouvons pas répondre aux besoins de l'âme par une quelconque certitude, un quelconque but, sans nous rendre compte au même instant que ce but est une fiction et que le prendre au pied de la lettre est une erreur – quand bien même il s'agirait d'une erreur nécessaire. Toute certitude est une manière de s'identifier à un seul sens : chacun postule son propre sens comme une « position de finalité » (*L*, para. 146), qui ne sert qu'à s'isoler soi-même, faisant échouer notre altruisme inné et nous excluant de la communauté humaine. Cet isolement est aussi folie. (« Le plus haut degré d'isolement

La fiction qui soigne

est représenté par la folie » [*L*, para. 184].) Par conséquent, même le but de la communauté propre à Adler, si on le considère avec une assurance littérale, peut nous isoler, comme c'est le cas pour les réformateurs, les gens de bonne volonté et les terroristes. Plus ils s'identifient à leur *Gemeinschaftsgefühl*, plus leur isolement et leur folie augmentent. (Pourtant, réduits à l'échec et à l'impuissance, ils s'unissent par l'empathie à la communauté qu'ils tentaient de dominer.) Le *Gemeinschaftsgefühl* ne peut pas répondre aux besoins de l'âme ou exposer son but ; il peut seulement servir d'instrument pour refléter tous nos buts. Est-ce qu'ils apportent une contribution, est-ce qu'ils expriment de la sympathie pour les autres ? Le *Gemeinschaftsgefühl* propose ainsi une manière de découvrir les fictions qui nous isolent et nos erreurs. Si la communion a lieu, c'est dans l'empathie de nos erreurs et dans la tolérance amusée qu'induit le sens de la fiction. Nous sommes humains moins en vertu de nos buts idéaux qu'en raison du vice de notre infériorité. C'est pourquoi le sens de l'imperfection, l'ombre de Jung, est le seul fondement possible pour le but adlérien du *Gemeinschaftsgefühl*. Jung ne dit pas autre chose : « ... la relation humaine ne repose pas sur la perfection... ; elle repose bien plus sur ce qui dans l'être est imparfait, faible, ce qui a besoin de secours et de soutien, sur tous ces éléments qui sont le fondement et le motif de la dépendance » (*Présent et avenir*, p. 176).

Que veut l'âme ?

Terminer sur une citation de Jung revient à manquer la conception d'Adler. L'ombre de la faiblesse n'est pas seulement morale, elle est aussi humoristique. La meilleure façon d'accéder à l'imperfection est l'humour, la dérision envers soi-même, le fait de disparaître dans un éclat de rire, l'humiliation acceptable qui n'exige aucune compensation vers le haut après coup. Le sens de l'imperfection est peut-être un chemin menant au sens de la communauté : un autre encore plus sûr est le lien par trop humain du sens de l'humour.

3. Le sens fictionnel dans la psychologie archétypique

> « La psychologie individuelle (d'Adler) ne se présente pas comme un ensemble d'hypothèses à vérifier, mais comme un système de fictions » (*Ell*, p. 654).

Lorsque Freud (147 F) dans une lettre à Jung et Jung (217 J) dans une lettre à Freud affirment chacun d'Adler qu'il n'est pas psychologique, nous pouvons à présent commencer à comprendre ce qu'ils veulent dire. Ayant étudié la perspective adlérienne, nous sommes maintenant plus à même de remarquer les restrictions que Freud et Jung imposent à la psychologie. Si elle ne prend pas en compte Adler, la psychothérapie réduit sa vision et renonce à un pan de son terrain initial.

La fiction qui soigne

Lorsque Freud et Jung utilisent le terme « psychologie », ils se réfèrent bien entendu à leurs projets – cartographier en profondeur la sphère mentale, ses niveaux et sa dynamique invisibles – afin de pouvoir rendre compte de tous les comportements superficiels de l'existence humaine, des symptômes et des opinions à la religion et à la culture. Par psychologie, tous les deux entendent : un compte rendu explicatif et détaillé des processus objectifs mais imperceptibles situés à des niveaux universels sous la surface des existences humaines. Freud et Jung sont des fabricants de mythes, de cosmogonies, et les différences bien connues entre les mondes qu'ils ont bâtis sont majeures mais pas fondamentales si on les compare à l'univers d'Adler.

Car l'entreprise d'Adler est tout autre – ce qui est déjà en soi remarquable. Pouvez-vous vous représenter ce que c'est que d'appartenir au cercle étroit de Freud pendant environ neufs années, depuis les débuts mêmes de son génie, et d'être en même temps dans l'orbite de la personnalité de Jung, et pourtant non seulement de concevoir et de préserver une psychologie différente, mais aussi de travailler à partir de prémisses totalement autres qui donnent une idée distincte de la psychologie elle-même ? Adler n'a pas établi un système objectif d'explication. Sa théorie est dépourvue de régions, de niveaux, d'énergétique psychique de noyaux, d'investissements, de conversions et de pôles, elle

Que veut l'âme ?

ne recèle aucune cosmogonie peuplée de *daïmôns* dans les coulisses. Il n'est pas mythologue.

Les divergences entre Adler d'une part et Freud et Jung de l'autre ont souvent été énoncées en termes d'influences sociologiques et de fondements philosophiques distincts. Ellenberger établit un contraste plus intéressant et psychologique (*Ell*, para. 899-901). Il considère les principes de base de Freud et Jung comme surgissant de l'intérieur de leurs propres expériences au cours d'une « maladie créatrice ». Des visions personnelles, presque chamaniques, deviennent le système de croyances validé intérieurement qui doit ensuite être fortifié grâce à des vérifications empiriques et l'endoctrinement de disciples (formation à l'analyse). Les idées d'Adler reflètent une « recherche clinique objective » (*ibid.*). D'où le fait qu'il se préoccupe moins de validation et s'attache plus à s'écarter métaphoriquement de la littéralité.

Je ne suis pas complètement d'accord avec Ellenberger sur ce point. On ne peut pas dire que l'un des trois soit moins empirique sur le plan objectif ou plus paranoïde et enclin au solipsisme. Selon moi, Freud et Jung appartiennent à la tradition prophétique des vieux sages à l'arrière-plan desquels évolue l'archétype du *senex*. Dans la mesure où Adler essaie de nous dire comment vivre et ce que la vie doit signifier, sa psychologie reste subjective et herméneutique. Elle nous renvoie toujours à nos propres fictions, pulsions de puissance et infériorités. Là où Freud et Jung nous donnent du sens,

Adler nous force à déchiffrer ce que cachent ces significations. Ce faisant, Adler est un précurseur de ce qu'on appelle aujourd'hui la « conscience post-moderne », plus que Freud et aussi que Jung lorsqu'ils affirment la nature objective de la psyché et nous proposent des systèmes métapsychologiques d'hypothèses. Au lieu de cela, Adler ouvre la voie à la psychologie comme mode de fiction. À mesure que la psychologie des profondeurs classique se fige en orthodoxie, les idées d'Adler révèlent et menacent la psychologie plus qu'elles ne l'ont fait il y a cinquante ou soixante-dix ans, lorsque ses idées étaient prises comme des *concepts* objectifs *sur* la conscience plutôt que comme une *méthode de* la conscience.

Adler est un *phénoménologue* qui veut comprendre la conscience de l'intérieur, sans faire appel à des structures extérieures à elle qui, de toute façon, ne sont jamais que des fictions d'elle-même (cf. *Lou*, p. 274-5). Ainsi, il écrit : « L'inconscient [...] ne se cache pas dans un recoin inconscient ou subconscient de notre esprit, mais fait partie de notre conscience, dont nous n'avons pas encore pleinement saisi la signification » (*A&A*, para. 232f).

Ce qu'il y a à comprendre, ainsi que la nature même de la compréhension psychologique, c'est précisément la nature fictionnelle de la subjectivité. L'« inconscient » renvoie alors essentiellement au fait que nous ne savons pas au juste ce que sont ces fictions subjectives qui modèlent nos vies. Selon nos propres termes : devenir « conscient » signifie

Que veut l'âme ?

reconnaître les visions imaginaires qui transparaissent dans chaque comportement ; quant au besoin de compréhension psychothérapeutique de l'âme, il signifie qu'elle demande à ce que nous prenions conscience de ses visions imaginaires.

Observons par exemple comment Adler traite l'éternelle question de l'intellect : quelle est sa folie ? Qu'est-ce qui distingue les états normaux, névrotiques et psychotiques ? Freud et Jung font tous les deux appel sur ce point à la relation sujet-objet et à l'énergétique. Tous deux fournissent des explications systématiques, dynamiques et scientifiques. L'interprétation d'Adler est *herméneutique*, elle reste entièrement à l'intérieur du royaume de la conscience et de ses intentions sur le monde. (Un de ses livres débute ainsi : « Les êtres humains vivent dans le royaume du sens » [*L*, para. 9][12].) La démence n'est pas une question de fixation de l'énergie ou de repli sur soi, de circonstances passées, d'unilatéralité non compensée, de conversion en toxines, mais une question d'interprétation, une *poïèsis* qui délire – véritablement une maladie *mentale*, un désordre *psychique*, un compte rendu de ce qui ne peut pas être formulé en termes objectifs.

Selon Adler : « Je souscris ici volontiers à la profonde manière de Vaihinger qui, parlant de l'histoire des idées, montre que, dans leur évolution historique, celles-ci présentent une tendance à se transformer de *fictions* (c'est-à-dire des constructions [...] fausses [...] mais utiles au point de vue pratique) en *hypothèses* d'abord, en *dogmes* ensuite » ; « Ce changement d'intensité différencie d'une manière générale la manière de penser d'un individu normal (la fiction comme expédient) du névrosé (tentative de réaliser la fiction) et du psychotique ([...] réification de la fiction : dogmatisation) » (*TN*, p. 123, Hillman souligne ; *A&A*, para. 247).

La personne normale, dit Adler, prend les principes directeurs et les buts de façon métaphorique, avec un sens du « comme si ». « Mais ce ne sont là pour lui que des *modus dicendi,* des artifices », des constructions heuristiques et pratiques. « Le névrosé, au contraire, [...] s'accroche au fétu de paille de la fiction, la substantialise, lui confère [...] une valeur réelle ». Finalement, « comme cela arrive dans la psychose, elle est promue à la dignité d'un dogme... Le symbole, en tant que *modus dicendi,* domine notre langage et notre pensée » (*TN*, p. 39-40). C'est la littéralité qui engendre la démence.

Maintenant, si le passage de la santé à la maladie mentale se distingue par des degrés de littéralité, alors la voie thérapeutique qui ramène de la psychose à la santé mentale consiste à refaire le même trajet herméneutique : à fuir la littéralité. Pour être sain d'esprit, nous devons percevoir nos croyances comme des fictions et deviner dans nos hypothèses les visions imaginaires. Car la différence entre la démence et la santé mentale ne dépend pas de la société ou de la politique, de l'éducation ou de la chimie, mais entièrement de notre sens de la fiction.

Que veut l'âme ?

Plus encore : le fait de prendre n'importe quelle hypothèse au pied de la lettre, telle que l'éducation ou la chimie, la société ou la politique, comme la vérité et la raison *réelles* de la maladie mentale, telle est tout simplement la véritable maladie mentale, désormais incarnée par une fiction explicative prise littéralement plutôt que pour sa valeur heuristique.

Mais pourquoi la littéralité ? Là encore, Adler répond en se référant à Vaihinger. Celui-ci fait remarquer que le sens du « comme si » implique une « condition de tension [...] un sentiment de malaise qui explique très naturellement la tendance de la psyché à transformer toute hypothèse en dogme » (*V*, para. 125). Pour se débarrasser de la tension de l'ambiguïté, nous évoluons vers la folie de la littéralité et vers un certain type d'action (*L*, para. 42).

La « protestation virile » héroïque, qui met en acte, ne supporte pas la tension innée, ailleurs décrite par Adler comme hermaphrodisme psychique, générée par la proximité avec notre infériorité. Dans cet état incertain, nos hypothèses paraissent moins assurées et positives et nos croyances sont vulnérables. Si nous pouvons maintenir cet état d'ambiguïté, nous sommes moins à même de rien prendre au pied de la lettre, et donc moins susceptibles d'évoluer vers les délires de la névrose et de la folie.

Ainsi, la santé psychique exige de rester dans le domaine de l'hermaphrodisme psychique, parce

La fiction qui soigne

qu'il constelle ces sentiments d'infériorité qui empêchent toute littéralité. L'image de l'hermaphrodite préserve la tension. La thérapie adlérienne moderne[13], qui met l'accent sur l'humour et le paradoxe (le *junktim*[14] adlérien) comme modes de guérison, reflètent le personnage étrange et dérangeant de l'hermaphrodite, une image qui, comme l'humour, comme la métaphore, empêche toute littéralité antithétique. La thérapie adlérienne fait également appel à la conscience métaphorique, nous délivrant de notre unique obsession, toutes les situations correspondant à des figures de rhétorique dont les mots eux-mêmes s'éloignent de toute littéralité comme dans une blague ou un poème. Nous ne pouvons rien prendre de façon catégorique sans perdre notre sentiment d'infériorité, et l'infériorité est ainsi une clé pour accéder au sens psychologique et métaphorique de la réalité. Maintenant, ce qui était poétique devient pratique et ce qui était incontestable devient fou. Nous regardons la vie d'un œil poétique : « Comprendre un mode de vie, c'est comme comprendre le travail d'un poète. Un poète doit recourir à des mots, tandis que nous devons lire entre les lignes » (*L*, para. 47).

Cette manière de pénétrer dans la psychologie adlérienne de la santé et de la démence psychiques aura tendance à être considérée comme une non-psychologie par les freudiens et les jungiens qui envisagent leurs fictions directrices de façon trop littérale. Lorsque Adler déclare qu'« il convient de ne pas commettre l'erreur consistant à prendre pour une sensation primitive ce qui n'est qu'une fiction sexuelle, autant dire une manière de parler ou un jargon sexuel » (*TN*, p. 116), c'est-à-dire au pied de la lettre, cela oblige les freudiens à réviser leur doctrine métapsychologique de libido sexuelle. Si, dans la perspective adlérienne, les mondes personnels et le schéma antithétique sont des manifestations névrotiques, alors les jungiens doivent revoir leurs conceptions de l'introversion et des contraires. Si les disciples de Freud et Jung ne sont pas disposés à adapter leurs hypothèses au mode « comme si », ils perdent le contact avec les hésitations inférieures inhérentes à tous les énoncés psychologiques, se détachant de l'âme elle-même et retombant sur une thérapie fondée sur les défenses névrotiques qui ont été érigées face à des principes théoriques formels.

Nous voici à présent lancés dans une critique adlérienne de la psychothérapie. Nous nous appuyons toujours sur notre question initiale : que veut l'âme ? Ayant supposé que l'âme parle par la voix des *inferiores*, ceux qu'on réprime, qu'on maintient en bas, en dessous, derrière, comme les enfants, les femmes, les ancêtres et les morts, les animaux, les faibles et les blessés, les repoussants et les hideux, les ombres jugées et emprisonnées, alors il incombe à toute *psycho*thérapie de rester en contact avec ces *inferiores* et d'être mue par eux.

Mais nous avons vu, grâce à Adler, qu'il existe un désir ardent d'oublier l'infériorité, et que la névrose se développe de ce fait. La thérapie peut elle aussi devenir névrotique lorsque, au moyen des fictions littérales de sa doctrine et de la profession, elle échappe à son nécessaire sentiment d'infériorité. C'est aussi alors qu'elle perd conscience, au nom même de la conscience. Elle court ensuite le risque de se muer non en une thérapie de l'âme pour l'âme, mais en une production de mondes personnels appelés « écoles analytiques », élaborant un mode de vie lui permettant d'avoir le dessus sur l'âme.

Au cours des dix dernières années environ, une critique de la thérapie a émergé parmi quelques penseurs et psychologues jungiens en différents endroits, parfois sous le nom commun de psychologie archétypique, dont les écrits montrent des approches tout à fait semblables à certains des aspects de la pensée adlérienne que j'ai exposés ici. J'aimerais passer en revue leurs travaux, ce qui est un grand plaisir pour moi puisqu'il s'agit de collègues et d'amis.

À Stuttgart, Wolfgang Giegerich procède à l'étude des fictions directement présentes dans la théorie. Il essaie de montrer que la névrose n'est pas simplement un état dans lequel un patient se trouve et que la thérapie guérit, mais qu'elle est favorisée et se renforce chaque fois que les concepts psychologiques qui forment le cadre de la thérapie ne sont pas examinés. La guérison et le traitement, le positif et le négatif, le moi et l'inconscient, le matriarcat et les étapes du développement ne sont pas des « réels » littéraux mais des fictions ou des visions imaginaires heuristiques qui doivent être reconnues comme telles si la psychothérapie entend rester connectée à ce que Giegerich appelle « la névrose de notre propre discipline ». « La psychologie elle-même doit être son premier patient » (*Spr* 1977, para. 168).

Un appel similaire à maintenir le contact avec l'infériorité dans la théorie psychologique est émis par Mary Watkins[15] de l'université Clark. Elle s'intéresse aux méthodes d'imagination active et montre que des concepts névrotiques sont à l'œuvre dans les thérapies mêmes qui visent à guérir les névroses. Ce qui apparaît très souvent dans les consignes utilisées pour travailler avec les images de l'espace intérieur, c'est la tentative de dominer et d'exploiter la psyché plus basse, sombre, faible et laide à des fins fictionnelles de supériorité du moi. Nous ne demandons pas aux images ce qu'elles veulent, mais ce que notre moi veut. Son travail confirme une attitude archétypique fondamentale que nous trouvons aussi à la fois chez Adler et chez Jung : l'individu se situe dans le contexte plus large de la psyché, de la *Gemeinschaft* ; tant qu'il imagine l'âme comme un intérieur personnel qui lui « appartient », il continuera naturellement à penser qu'il peut dominer cet espace par ses intentions.

À Zurich, Adolf Guggenbühl-Craig, dans un texte[16] bref et essentiel, développe l'idée du schéma antithétique dans une optique qui pourrait aussi être qualifiée d'adlérienne. Les aspects qu'il privilégie : le pouvoir, la tendance à la supériorité dans toutes

La fiction qui soigne

les relations thérapeutiques et le couple bipolaire faible/fort (patient et médecin, élève et professeur, etc.), sont aussi adlériens. Cette antithèse destructrice se rencontre, selon lui, lorsque le médecin perd de vue sa propre vulnérabilité, l'enseignant sa propre ignorance et l'assistante sociale sa propre immoralité asociale. L'aide et la guérison dépendent entièrement, selon Guggenbühl, du maintien de l'ombre, de la conscience de l'infériorité.

Un autre psychiatre jungien à Zurich, Alfred Ziegler, travaille dans le domaine psychosomatique et dans celui de la recherche sur la mécanique des rêves. Ses études (cf. *Spr* 1976) reprennent un autre thème d'Alfred Adler : l'état d'infériorité des organes. Ziegler déduit de l'étude des rêves et des symptômes appelés « psychosomatiques » que notre souffrance est psychophysique et *sui generis*. D'un point de vue statistique, les rêves sont plus désagréables qu'agréables ; le corps est chroniquement inférieur et incurablement immunisé contre les fictions directrices de la santé sans symptômes et de la nature favorable qui exalte la vie. Notre sentiment d'infériorité témoigne de l'infériorité organique fondamentale de l'être humain psychophysique qui ne peut exister que dans un état de malaise relatif, afin de maintenir la tension de base de sa conscience. Dans cette perspective, la perte du sens de l'infériorité organique n'est pas seulement délirante mais suicidaire.

Une autre notion adlérienne, l'hermaphrodisme psychique, est l'un des thèmes principaux déve-

Que veut l'âme ?

loppés par Rafael Lopez-Pedraza au Venezuela. Lors de colloques à l'université de Caracas, il a élaboré le type de conscience, présentée dans les mythes d'Hermès (*op. cit. sup.*) mais aussi de Psyché et Luna, qui ne se départit jamais de sa faiblesse et qui reste toujours à la frontière, n'établissant pas de séparation littérale entre éléments antithétiques masculin et féminin, bien et mal, progression et régression. Ces distinctions ne sont acceptables que comme des fictions directrices à juger entièrement selon leur utilité thérapeutique, leur effet sur l'âme. Il a mis au point un fondement archétypique pour la conscience à travers des personnages mythiques, en particulier Hermès, totalement différents du moi prométhéen, de sa littéralité et de ses contraires nécessaires.

Dans plusieurs articles[17] sur les déesses Gaïa, Déméter et Perséphone, Patricia Berry a plongé la notion d'infériorité à des profondeurs archétypiques, dans ce vide logé au sein de l'image même de ce qui est maternel et matériel. Le soubassement de l'être fait par nature et par essence défaut, manque toujours, un manque que la psychothérapie essaie de surmonter par différents types de preuves théoriques et pratiques. Son travail propose une nouvelle approche des notions d'infériorité et d'extrémité, une voie de la réduction ou du retour au vide comme à la substance elle-même, afin que la psychothérapie n'ait plus besoin d'être un système défensif contre les pathologies ou les souffrances d'âme nécessaires qui nous donnent accès à des niveaux plus profonds.

La fiction qui soigne

À l'université d'État de Sonoma, Gordon Tappan (qui en fait était autrefois adlérien puis jungien) a franchi un cap supplémentaire en associant le sentiment d'infériorité et le sens social au niveau des études universitaires supérieures. Son cours novateur de second cycle de psychologie archétypique dépend de son rôle en tant que thérapeute-éducateur au sein d'un groupe social. Il reprend un sujet qui a intéressé Adler tout au long de sa vie : l'éducation[18], dans ce cas mettant en pratique le besoin fondamental que l'âme et la part spirituelle ont l'une de l'autre. Son travail, en réunissant la discipline universitaire et l'image individuelle, tente de combler le fossé entre le *logos* de la psyché et sa thérapie.

Puis, à l'université du Connecticut, Charles Boer et Peter Kugler (*Spr* 1977) ont avancé une théorie de la perception qui anéantit – comme Adler avait aussi essayé de le faire – les notions de monde personnel dans l'intellect, d'inconscients personnels et d'images ressenties dans le for intérieur de chacun. Leur théorie restitue son importance au monde de la rue tel qu'il est imaginé de façon immédiate.

Ce retour de la psychologie à la rue est le sujet principal des recherches mises en place par Robert Sardello à l'Institut des lettres de Dallas. Sa métaphore primordiale, la ville, permet de continuer à étudier les thèmes sociaux et universitaires qui intéressaient Adler en les intégrant au sein d'une psychologie culturelle plus profonde. En examinant les phénomènes de notre vie urbaine quotidienne grâce

Que veut l'âme ?

à une approche métaphorique et fondée sur des images mentales, ses études relient l'âme de la ville avec la ville de l'âme.

Il faut également mentionner le travail de Paul Kugler sur le langage des organes, les mots dans le corps qui transforment le corps en image verbale. Kugler nous fait toucher du doigt l'idée que nos fictions directrices résident principalement dans nos manières de parler (*modus dicendi*), dans les mots qui « dominent nos paroles et notre pensée » (Adler), ouvrant ainsi la voie à une nouvelle approche de la poétique de la psychose, de la folie innée du langage quand il est pris au pied de la lettre.

Faute de temps, je limite cette vue d'ensemble – un exposé de mon *Gemeinschaftsgefühl* – à des remarques lapidaires sur quelques personnes seulement, mais je ne peux passer sous silence les œuvres importantes de David Miller et Rudolf Ritsema. Des nombreux et complexes articles[19] de Miller, je voudrais extraire la méthode. Car l'intérêt réside moins dans son érudition minutieuse, dans ses recherches et les idées qu'il en tire, que dans sa façon d'écarter aussitôt ce savoir et ces idées de toute littéralité grâce au *junktim* adlérien, à la métaphore, à la juxtaposition verbale, aux retournements et aux étranges associations de pensées, de disciplines et d'époques, en particulier à travers l'humour qui permet à un sens de la fiction de transparaître dans chaque phrase. Son style introduit à une méthode psychothérapeutique de l'intellect, parce qu'il opère avec un sérieux qui empêche l'austérité littérale du moi.

Il tente une *poïèsis* de la frontière en essayant de déjouer la tendance de l'esprit à se scinder en catégories appelées sensé et insensé.

L'étude du Yi Jing par Rudolf Ritsema (telle qu'elle paraît périodiquement dans la revue *Spring* depuis 1972) pousse la prise de conscience psychologique jusque dans nos habitudes de langage occidentales, où la fiction littérale s'ancre tout en restant presque totalement invisible. Ritsema montre comment s'accrocher à l'image tout en recourant aux mots. Sa « syntaxe des images mentales » neutralise les habitudes mentales qui s'appuient sur la causalité et la pensée linéaire, l'énoncé irréfutable, les dogmes – précisément ce cheminement vers la folie contre lequel Adler nous met en garde. L'examen minutieux du Yi Jing par Ritsema implique aussi que ces deux totems qui gardent les abords de la psychothérapie comme deux géants de pierre muets de l'île de Pâques – je veux parler du Masculin et du Féminin – sont de modernes concrétismes monolithiques, une paire névrotique antithétique avec son lot de preuves qui ne peut trouver aucun appui dans le flux des images Yin/Yang, toujours subtiles, différenciées et précises.

Le travail de ces amis, ainsi que mes propres essais récurrents sur l'échec, la dépression, la trahison, le suicide, la blessure, l'anormalité, la vieillesse et mon intérêt pour le monde d'en bas, peuvent contribuer à exprimer un courant dans la psychothérapie contemporaine qui s'enracine dans l'expérience de l'infériorité. En un sens, nous sommes un peu les taoïstes de la psychothérapie, restant auprès de ce qui est bas, sombre et faible, demeurant avec l'infériorité de la discipline donnée par la bassesse, l'obscurité et la faiblesse de l'âme.

Selon une autre perspective, notre travail s'apparente au zen dans sa tentative de voir clair dans les fictions subjectives de la conscience (*Ell*, p. 647), de dissiper cette littéralité avec laquelle la conscience s'identifie et qu'elle nomme ensuite en fonction des méthodes employées pour accéder à la conscience : penser selon des contraires, inventer des mondes personnels de subjectivité individuelle et des systèmes objectifs de concepts pour rendre compte de ces mondes, ou fabriquer des buts fictionnels doublés des sentiments optimistes qui les accompagnent. Notre zen est sur ses gardes, de peur que les concepts de la psychothérapie et ses théories sur l'invisibilité ne recouvrent la pure présence de l'âme.

4. Le sens de la communauté

> « La seule marque générale de l'aliénation est la perte du *sensus communis* [sens commun et sens de la communauté] et le développement compensatoire d'un *sensus privatus* [sens personnel] du raisonnement. »
>
> Emmanuel KANT

Revenons maintenant à notre question de départ sur ce que veut l'âme et à des dialogues réels : cette fois-ci, écouter l'âme semble moins laborieux, si bien que nous avons plus de chances d'entendre ce qu'elle veut.

Le premier exemple est celui d'une jeune enseignante divorcée, une Allemande vivant avec sa fille. Elle incarne un vigoureux développement de l'*animus* au sens jungien, ou une protestation virile au sens adlérien. Sa propre fille ne porte pas ses valeurs d'âme, parce que l'enfant, une fillette dynamique et sachant s'adapter, ressemble trop à une version antérieure de la mère. À sa place apparaît une autre petite fille dans l'imagination de la mère, une fille « comme si », brune avec de grands yeux comme on en voit sur des affiches contre la famine ou dans des appels à sauver des enfants. Parfois, la petite fille est un petit garçon ayant entre sept et onze ans : l'hermaphrodite psychique. Nous prenons la conversation au moment où notre question est posée. La femme demande : « Que veux-tu au juste ? »

Enfant : Qu'on me laisse tranquille, ne jamais être obligé de faire quoi que ce soit. Tu es toujours en train de me bousculer.

Femme : Je veux que tu grandisses.

(Avez-vous remarqué que la question a déjà dévié sur ce que la femme veut. L'enfant est sur la défensive.)

Enfant : Quel est l'avantage ?

Femme : Tu me casserais moins les pieds.

Enfant : Si c'est pour te faire plaisir que je dois grandir, ne compte pas sur moi.

Que veut l'âme ?

Femme : Quel entêtement !
(Elle écrit : J'étais furieuse [*rasend*], haletante.)
L'enfant se met à pleurer, puis il demande : « Apprends-moi. Je ne sais pas comment faire. Je veux apprendre. » (Sur quoi la femme se retrouve tout d'un coup elle-même en train de sangloter, car après tout c'est son métier d'enseigner. Elle dit qu'elle pleure « non pas en tant que l'enfant mais en tant qu'elle-même ». Elle se rend compte que cet enfant de son âme est la raison pour laquelle elle est professeur : par vocation autant que par profession.) Le lendemain soir, elle reprend le dialogue.

Femme : D'abord tu dis que tu veux qu'on te laisse tranquille et ensuite que tu veux apprendre. Je ne te comprends pas.

Enfant : Tu ne me comprends pas.

Femme : Si je te laisse tranquille, je ne t'apprends rien et si je t'apprends, je ne te laisse pas tranquille. Je ne sais pas quoi faire avec toi.

Enfant : Tu ne sais pas quoi faire avec moi.

Femme : Tu me fais me sentir bête. Je ne me sens jamais aussi inférieure que quand je suis avec toi.

Enfant : C'est bien. Maintenant tu peux m'apprendre.

Femme : Je ne comprends toujours pas.

Enfant : Quand tu me comprends, tu ne peux pas m'enseigner quoi que ce soit, parce que tu ne respectes pas mon ignorance. Pour toi, me comprendre équivaut à me bousculer. S'il te plaît, apprends-moi ce que tu sais, ce que tu lis. Parle-moi de psychologie, de la psyché. Je veux apprendre à penser, à comprendre, et non comment me comporter.

Permettez-moi de souligner ici l'interaction étroite entre penser et sentir. Ce ne sont pas des actions antithétiques. Pour l'enfant, sentir équivaut à apprendre à penser. Je peux aussi relever le contenu adlérien de ce dialogue : ce n'est que lorsqu'elle devient inférieure à son infériorité que la thérapie de cette infériorité, l'enfant, commence. Mais mon intention majeure avec ce fragment de fiction de l'âme ou d'imagination active, c'est de montrer la pertinence de la psychologie pour la psychothérapie, le fait que l'âme veut apprendre la psychologie, veut les formulations réfléchies d'elle-même, et que telle est une manière de guérison. Cette femme a écouté. Elle s'est mise à lire de la psychologie autrement, non pas pour retenir des informations à appliquer à l'enseignement ou pour devenir analyste, mais en lien avec son expérience, en particulier avec son infériorité, son enfant faible et muet.

J'aimerais déchiffrer encore plusieurs pages d'autres personnes illustrant ce désir de l'âme pour la psychologie, pour l'intelligence psychologique, pour une utilisation accrue, précise et pénétrante de l'intellect. Parfois, le personnage d'âme dit : « Ne sois pas stupide » ou « Fais appel à ton intelligence » ou « Arrête ce bavardage et pense à ce que tu dis ! ».

Notre exemple suivant date d'il y a plusieurs années, après la guerre. Il provient d'un homme en Angleterre qui avait été blessé, ayant vécu une sorte de vie militaire héroïque en tant que colonial britannique. Il avait subi une blessure à l'épaule gauche avec répercussions sur le cœur. En imagination, il vient d'entamer un dialogue avec une femme noire, difforme et bossue, qui se donne à elle-même le nom de Sheba.

Sheba : Je ne supporte pas que tu me voies. Pourquoi es-tu venu ? C'est insupportable. Va-t'en.

Mark : Comment le pourrais-je ? C'est comme me demander d'abandonner mon bras gauche et mon cœur.

Sheba : Je suis ton cœur et ton bras gauche. C'est ainsi que se manifeste en toi mon dos tordu.

Mark : Le Japonais t'a blessée en même temps, c'est ça ?

Sheba : Tu as été courageux.

Mark : Un compliment de ta part ?

Sheba : Tu es vraiment courageux.

Mark : Est-ce que je peux te toucher ? (Il écrit : Sheba est nue, debout dans une pièce vert clair. Elle est terriblement difforme : pliée en deux sur elle-même, la nuque légèrement en dessous du sommet de sa bosse. Elle est noire. Son corps très mince porte encore quelques traces d'une ancienne beauté. Il s'approche d'elle, touche sa bosse et la caresse lentement. Elle pleure.)

Sheba : Ils n'auraient jamais dû te laisser entrer. Laisse-moi, laisse-moi.

Mark : Je reviendrai.

(À sa demande, il la quitte, faisant preuve d'une étonnante sensibilité quant au moment d'interrompre le dialogue. Le jour suivant, il marche avec elle le long d'un quai réel de la Tamise, parlant en chemin et prenant des notes plus tard.)

Sheba : Je n'étais jamais sortie auparavant.

Mark : Jamais ?

Sheba : Jamais comme ça... jamais toute seule. Seulement au milieu du bric-à-brac de l'être d'une autre femme. Son être se fondait dans le mien, sauf quand je voulais l'éloigner de toi. Ou toi d'elle... (Pendant ce passage, elle est à bout de souffle.) Ralentis s'il te plaît.

Mark (modérant son allure) : Comme ça ?

Sheba : C'est encore trop rapide. Vois-tu, c'est la première fois.

Mark (marchant aussi lentement que possible) : Comme ça ?

Sheba : Pour que je puisse être avec toi, il faut parfois tout faire plus lentement : marcher, penser, parler.

(Ils arrivent à un tournant où la circulation est dense et rapide.)

Sheba : Oh, j'ai peur.

Mark : Doucement. Ce n'est rien. Est-ce que ça te convient (tandis qu'ils traversent la rue ensemble) ?

Sheba : Tu ne me comprendras pas si je dis que je n'ai jamais été aussi heureuse – simplement de marcher avec toi dehors.

Amener l'âme dans la rue et en prendre soin dans la rue, non au milieu du bric-à-brac d'un autre être, ni en privé dans nos dialogues et nos émotions inté-

Que veut l'âme ?

rieurs. Mais la psyché dans la vie, tout en poursuivant son chemin, telle est la sagesse de Salomon enseignée par cette Sheba.

Une caractéristique de ce dialogue était déjà apparue dans celui d'Ulrich, le jeune chirurgien. Lorsque l'émotion se fait proche, le dialogue passe au discours indirect, comme si la personne du moi devait prendre ses distances par rapport à l'intensité des images mentales. Dans le cas d'Ulrich, il s'agissait du vieil homme grisâtre qu'il ne laissait pas s'exprimer directement ; dans le cas de Mark, c'est au moment où il voit Sheba nue, noire et difforme, au moment où il touche son corps.

Leur relation dans le monde, dans la rue et dans le corps, remet Mark en lien non seulement avec sa perte d'âme (*anima*) « dans le bric-à-brac de l'être d'une autre femme » et dans son allure trop rapide, mais aussi avec son courage physique, le cœur qu'il met à vivre. Adler dit que le courage sans but est tout à fait inutile. En mentionnant la bravoure de Mark, Sheba lui restitue le courage qui avait été le sien pendant la guerre, lorsque les buts étaient simples. Elle relie maintenant le courage à elle, à ses dialogues de genèse de l'âme. Toute cette rencontre, dont la promenade dans la rue, constelle le courage qu'il faut pour affronter l'âme infirme et laide, et pour prendre au sérieux autant son infériorité que la densité de la circulation dans la rue.

Les implications plus complètes et plus philosophiques du dialogue entre Mark et Sheba ressortent mieux dans notre dernier extrait, cette fois provenant d'un psychothérapeute éclectique ayant une vaste expérience, venu à Zurich pour approfondir sa formation jungienne. De nouveau le refrain :

Lui : Que veux-tu ?

« Je veux sortir », lui répond une voix qu'il appelle diversement « voix de l'âme », « *anima* », « voix de la poitrine », « ma personne ».

Lui : Sortir ! On croirait que tu es en prison.

Voix de l'âme : Ce n'est pas ce que j'ai dit. Je ne te fais aucun reproche. Tu me gardes en toi, pour le meilleur ou pour le pire. De manière protectrice. Mais je veux sortir.

Lui : Je ne comprends pas [toujours cette même phrase !]. Cela m'a pris d'abord tellement d'années de te trouver et de te mettre à l'intérieur, en tant que facteur psychologique comme dit Jung[20], afin que nous puissions dialoguer ainsi, que te laisser sortir revient à recommencer une fois de plus toutes ces projections.

Voix de l'âme : Tu as peur de me laisser sortir, donc tu me gardes pour le pire : ce n'est pas moi que tu protèges mais toi. Je suis bel et bien prisonnière.

Lui : Le fait de vouloir que tu restes psychologique et à l'intérieur, cela fait de toi une prisonnière ?

Voix de l'âme : Prisonnière de ta psychologie. Tu m'as enfermée dans ton système psychologique, m'empêchant d'apparaître là où bon me semble.

Lui : C'est la façon dont tu dis cela qui

m'effraie : « où bon me semble » renvoie aux attraits de l'*anima*, encore ces stupides spéculations et ces vaines recherches. Quand tu es « dehors », je deviens un imbécile. Je ne peux pas me le permettre. Je dois me protéger.

Il est mécontent de cette situation de conflit, de se retrouver le gardien de son âme. Elle le laisse perplexe. D'un côté, il ne se sent pas bien s'il la laisse faire, de l'autre, quand c'est lui qui décide, il devient dur et trop sûr de lui. Il essaie de trouver une manière plus douce et plus souple, mais en même temps pas trop vulnérable pour ne pas avoir besoin de se cacher et de fermer l'accès à lui. Deux jours plus tard, il reprend le dialogue :

Lui : J'ai été trop dur avec toi. Je n'ai pas écouté. J'ai interprété et je t'ai dit mes peurs.

Voix de la poitrine : Ce n'est pas grave. Rien ne presse. J'aime tes erreurs[21].

Lui : Même avec toi ?

Voix de la poitrine : À chaque erreur que tu fais, tu te rapproches de moi et les choses deviennent plus claires. Pour moi, le pire c'est quand tu as le dessus. [Remarquez encore une fois l'expression adlérienne.] Tu sais à présent que pour me trouver il a fallu que tu sois malade ou que tu aies tes symptômes au cœur.

Lui : Mais ce sont précisément ces erreurs qui nous séparent. Je veux dire, comme cette tendance à toujours interpréter et à ne pas écouter.

Voix de la poitrine : Ce n'est pas très grave, du moment que tu sens que tes erreurs ont à voir avec moi, qu'elles t'ennuient, te rongent, que la dernière chose qui s'est passée, comme il y a deux jours, te poursuit. C'est pour ça que j'aime l'analyse, et pour ça aussi que tu es un bon analyste. Cela entretient l'inquiétude et le malaise, comme si tu avais un gravillon dans ta chaussure. À chaque pas, ça te fait un peu mal.

Lui : Est-ce que je peux revenir à ma question ?

Voix de la poitrine : Bien sûr. Tu n'as pas besoin de ma permission. Voilà encore une erreur. Parle simplement avec moi. Qu'est-ce qui te tracasse ? Ne fais pas toujours attention.

Remarquez combien il est difficile, même pour cet analyste averti, de trouver les « bons termes » avec l'âme. Voyez à quel point il devient docile et inférieur, tout comme d'autres deviennent dominateurs. Nous en arrivons à la partie plus philosophique concernant les intentions de l'âme.

Lui : Ma question est : qu'est-ce que tu entends par « sortir » ?

Voix de la poitrine : Être le grand de ce qui en toi est petit. Tant que je suis dedans – en toi, dans ta psychologie, dans tes projections –, je n'atteins jamais toute mon envergure. Tu ne m'as toujours pas reconnue.

Lui : Mais est-ce que tu n'es pas censée être dedans ? Être ma personne intérieure ?

Voix de la poitrine : Tu te laisses piéger par les mots. Intérieur signifie simplement plus profond. Aller à l'intérieur veut simplement dire aller plus profondément dans les choses, les sonder cœur et

Que veut l'âme ?

âme. L'intérieur, c'est le sentiment d'une alcôve intérieure, la cavité dans la poitrine qui résonne. Ce n'est pas un endroit où on va et ça ne renvoie pas non plus à toutes ces choses que tu as apprises et que tu prends à la lettre : introversion, introspection, intériorisation.

Lui : Je ne sais pas quoi ajouter.

Voix de la poitrine : Alors n'ajoute rien.

Il se passe plus d'une semaine avant qu'il reprenne le fil, bien qu'il ait lutté avec son désir de « sortir » sans prendre de résolution. En fait, ce n'est pas lui qui a recommencé, car c'est venu à lui après une baignade dans le lac. En sortant de l'eau, il a senti tout son corps enveloppé dans un espace chargé de présence, dans un air dense. Il l'entend dire distinctement, tellement fort que cela lui apparaît comme une hallucination : « Maintenant je suis sortie. C'est toi qui es dedans ».

Lorsqu'il me le raconte, je lui parle de la *coagulatio* de l'âme dans l'alchimie, du fait qu'elle s'épaissit, qu'elle acquiert une présence. Tout cela s'était manifestement produit à la manière d'un processus chimique. Après avoir longtemps fait cuire, remué et surveillé, comme pour une sauce, tout d'un coup, la sauce prend.

La conversation entre eux se poursuit ainsi :

Lui : Je comprends maintenant : toutes ces femmes, tout ce à quoi j'ai consacré mon temps, à quoi toi, l'anima, tu m'as poussé, que j'ai appelé projections, a servi à me donner le sentiment d'être à l'intérieur, plus petit, inférieur à ce dans quoi je me trouvais. C'est pourquoi ça a toujours été trop. Tel est le secret de toute possession par l'*anima* : de me montrer que tu me possèdes et que tu es plus grande que moi. Si je peux t'accorder cette reconnaissance... non, si je peux conserver cette conscience de mon infériorité par rapport à l'âme, du fait que je suis toujours quelque part enveloppé dans un état psychique, alors je n'ai plus besoin d'être possédé pour me prouver que je suis dedans.

*Voix de l'*anima : Je ne peux rien te garantir. Je n'obéis pas à la loi de compensation. Ce serait me remettre dans quelque chose.

Lui : Alors il s'agit juste de sentir ta présence autour de moi.

*Voix de l'*anima : Ce n'est pas « juste ». Et il ne s'agit pas de sentir.

Lui : De quoi s'agit-il alors ?

*Voix de l'*anima : Il s'agit d'être. D'être dans l'âme.

Lui : Est-ce que c'est ça que tu veux, que l'âme veut ?

*Voix de l'*anima : Être dehors, partout, l'espace.

Lui : J'évolue dans ton espace.

*Voix de l'*anima : Je te fais évoluer dans notre espace.

Lui : Notre espace ? Tu me fais évoluer ?

*Voix de l'*anima : Mes images te font évoluer et, sauf quand tu bouges, nageant dans l'eau, tu ne sens pas l'espace. L'espace de l'âme advient seulement par tes mouvements – pas seulement ces mouvements des bras et des jambes, mais les mouvements de l'intellect et du cœur. Oui, et aussi à travers les symptômes du cœur. Sauf quand tu agis, fais, réagis, pense, vis, souhaite, désire, imagine, je suis vacante. Je ne suis rien tant que tu ne bouges pas en moi, comme mon contenu. Tu es le lieu de mon activité psychique ; mais ne m'enferme pas dans cette activité. L'âme ne se réduit jamais à ses actes. Je ne suis pas un comportement, je suis l'image au sein du comportement. Cependant, n'essaie pas de me faire sortir en m'isolant du comportement. Je suis indépendante de tous les endroits où tu essaies de me mettre et complètement dépendante du fait d'entrer et de sortir de ces lieux où on me tient. Mon extension dépend totalement de la possibilité de sortir.

Ce dialogue témoigne de la dimension philosophique de l'âme. Cela nous rappelle un *récit** au sens de Corbin. Ce matériau est digne des écrivains antiques, car il reprend d'anciens problèmes. Quiconque est familiarisé avec l'histoire de la psychologie verra Héraclite resurgir, car comment une âme qui est sans limites peut-elle être contenue « à l'intérieur » d'un misérable être ? Cela nous rappellera aussi le ton didactique de Diotime dispensant son enseignement à Socrate, l'insistance de Plotin sur la libre circulation de l'âme en différents endroits de la conscience d'un individu ainsi que sur sa relation intrinsèque aux images, et encore la lutte d'Augustin dans ses *Confessions* avec le problème intérieur-extérieur, plus grand-plus petit. Il y a même un soupçon d'Aristote perceptible dans ce dialogue, celui qui considère l'âme comme premier moteur et ses mouvements comme notre vie.

On entendra aussi Jung selon qui « l'image est âme » (*Commentaire sur le mystère de la Fleur d'Or*, voir II note 46), la conscience vient de l'*anima* qui est la vie sous la conscience dont la conscience émane (*ibid.*, p. 59-60 ; *Les racines de la conscience*, *op. cit.* p. 42), et qui ajoute que « l'homme est dans la psyché [22] ».

Pourtant, c'est là l'ennui, concrètement, ce dialogue a pour effet sur le patient non pas l'émergence d'une philosophie ou de l'imagination, ni même une exploration plus poussée de son intériorité : l'homme s'oriente vers Alfred Adler.

Il découvre le monde politique et social. De retour chez lui, il renonce à pratiquer la psychothérapie de groupe, y voyant un compromis qui ne permet pas véritablement à l'âme de sortir. Au lieu de cela, il se joint à des groupes existants à vocation sociale – un groupe de réforme de l'assurance maladie et un autre de protection de l'environnement. Il se met à enseigner dans un cours du soir et accepte un emploi bénévole dans son association professionnelle, tout en poursuivant son activité propre de psychologue. Il a trouvé ce qu'Adler considère somme le seul but réaliste de la psychothérapie : *Gemeinschaftsgefühl*.

Or les adlériens pensent que le *Gemeinschaftsgefühl* ne peut « advenir par une décision consciente en des termes rationnels » (*OC*, 76 para. 15). Il ne sert à rien de se pousser soi-même à s'impliquer.

Que veut l'âme ?

C'est un changement dans le cosmos qui est nécessaire pour que chacun éprouve un sentiment accru de son identité. Adler écrit :

« Entendre, voir ou parler "correctement" signifie [...] s'identifier à la personne ou à la chose. Seule cette aptitude à l'identification nous rend capables d'amitié, d'amour pour l'humanité, de compassion [... et] s'avère le fondement de l'intérêt social (*A&A*, para. 136) [qui] peut même franchir ces limites et se répandre sur des animaux, des plantes et d'autres objets inanimés, finalement jusque sur le cosmos universel (*CH*, p. 60) ».

Nous avons vu ce changement d'identité se produire. La voix appelée « *anima* » ou « ma personne » et localisée au début dans l'espace au plus haut point personnel de la poitrine donnait à notre patient ce sens très vif de son identité personnelle l'amenant à s'accrocher à l'âme comme à sa propre manifestation intérieure. Sens de la propriété. Mais une telle intériorité engendre l'infériorité : ça en moi ; ça petit, moi grand ; ça dedans et en bas, moi dessus et contrôlant. L'évolution à laquelle nous avons assisté conduit de *mon* âme à *l'*âme, de *mon anima* à l'*anima mundi*, des sentiments subjectifs à un monde objectif pénétré d'âme. Rappelez-vous la manière dont la voix de l'âme refuse d'être considérée juste comme une chose qu'il sent.

Le processus par lequel l'âme se libère de l'intériorité littérale va de pair avec sa cristallisation. Tant qu'on doit la garder en soi, on l'imagine délicate, fragile, ailée, une poussée impalpable toujours prête à s'envoler et à disparaître comme une nymphe dans la forme plus solide d'une autre personne. Si nous prenons tellement soin de garder l'âme en nous, est-ce que nous ne la dorlotons pas comme une infirme ? Est-ce que nous n'accentuons pas le fossé entre elle et la vie courante dans la rue, privant l'âme de la communauté et la communauté de l'âme ?

Adler nous met en garde contre le fait de rendre littéral le sentiment communautaire en le réduisant à une communauté spécifique dotée de buts précis. Le *Gemeinschaftsgefühl* « ne renvoie jamais (seulement) à une communauté ou société contemporaines, à une entité spécifique politique ou religieuse ». Il se réfère à la communauté « sous l'aspect de l'éternité » (*A&A*, para. 142). Bien que notre homme se consacre effectivement à des services sociaux réels, il ne voit pas cette démarche en termes des objectifs poursuivis, mais conçoit ces services comme des lieux où une compassion accrue peut s'exprimer et vivre.

Si nous demandons ce qui a produit ce changement d'identité, et posons ainsi la question plus profonde de savoir comment est suscité l'intérêt social (puisqu'il ne peut découler d'une décision consciente), nous décelons un mythe à l'œuvre qui rend possible la capacité d'identification. L'engagement prolongé de cet homme vis-à-vis de son âme mène à l'amour. Psyché conduit à Éros. Nous en revenons à ce que j'essayais d'expliquer dans *Le*

Que veut l'âme ?

Mythe de l'analyse : les relations entre Psyché et Éros comme mythe principal de la psychothérapie.

Notre exemple montre qu'il n'a pas commencé par aimer l'âme avant de transférer cet amour sur le monde par devoir moral[23] : fais aux autres... Ce n'est pas non plus que l'âme l'a d'abord aimé afin qu'il puisse répercuter cet amour sur le monde. C'est l'amour lui-même qui a changé de nature, comme dans le mythe d'Éros et Psyché. Ce n'est plus désormais un amour pour l'âme ou une bienveillance comme *Sorge*, en tant que *Ich* vis-à-vis d'un *Du*. Psyché et Éros sont devenus indissociables : lorsque l'homme est avec la psyché, l'amour présent l'inclut comme l'une de ses images et se répand « hors » de lui-même en un sentiment de sympathie. En éprouvant l'importance de ses personnes psychiques, il se sent aimé par elles. Il n'y a plus quelqu'un, un sujet, aimant quelqu'un d'autre, un objet.

Ce n'est pas l'amour du monde qui l'a conduit au monde mais l'amour de l'âme, car l'âme, en tant qu'*anima mundi*, est elle-même un monde, le lieu de la genèse de l'âme. Le passage indirect de l'amour au monde via l'âme passe par les labyrinthes multiples et erronés de la psyché. Les erreurs, pourrait dire Adler, rendent l'amour psychologique, en font cette compréhension intelligente et différenciée de l'identité de ce qui est aimé. Nous n'identifions « correctement » que lorsque nous pouvons reconnaître l'identité de chaque visage en son unique image.

La fiction qui soigne

Le travail que notre patient effectue avec ses patients et dans les commissions politiques fait appel à un profond sens de l'amour qui est en même temps un sens de la psyché. Il se préoccupe non de principes humanitaires et de vastes sentiments mystiques, mais de l'art du petit, des particularités qui diffèrent selon l'individu. Des personnes. (Individuation, selon Jung, signifie différenciation.) Le fait que l'amour soit différenciation lui est aussi révélé dans un autre dialogue par lequel nous terminerons.

L'homme entame ainsi : « Je me perds dans les détails. Depuis que je me suis senti enveloppé par ta présence dense, je me sens submergé. J'imagine que c'est une expérience similaire à celle du lac.

Voix : Ou à celle du ventre maternel. L'ontogénie récapitule la phylogénie : l'âme-*anima* retourne d'abord à la mère-*anima*. Tu retrouves le lien avec les sources de toute vie. L'immersion a lieu dans ta poitrine.

Lui : J'ai l'impression d'avoir perdu mon espace propre en étant au sein du tien.

Voix : Alors fais de la place pour toi-même.

Lui : Donc tu veux bel et bien un moi.

Voix : Te voilà encore en train d'interpréter. J'ai dit : fais de la place pour toi-même. Je n'ai pas parlé du moi : qui est-ce ? Tu veux savoir ce que l'âme veut ; maintenant tu sais, en partie : elle veut que tu fasses de la place dans l'espace.

Lui : J'ai compris ! J'ai passé mon temps à planer, partout, nageant sans structures, sans hiérarchie, sans savoir où se trouve ce qui relève de moi

Que veut l'âme ?

ou de quelqu'un d'autre, à moins de pouvoir situer les choses.

Voix : Oui. La question n'est pas de donner de l'espace aux autres ou de sentir leur espace ou tes patients, mais de percevoir l'endroit exact où chacun d'eux se situe, le lieu dans lequel ils évoluent, quelle partie de la maison est à eux, de façon précise et dans le détail. L'endroit qualifie l'espace. La toile est faite de légers petits coups de pinceaux, la sculpture d'éclats, la symphonie de petites notes. Des molécules, chacune à sa place exacte. Toute image est une façon de situer. On ne fera jamais d'assez petits mouvements. »

Son enseignement commençant à se faire sibyllin, nous nous arrêtons, car il lui a fallu plus de temps pour élucider ces mots que nous n'en aurons jamais à notre disposition. Mais nous pouvons du moins conclure ceci concernant notre question de départ :

L'âme veut beaucoup de choses : être aimée, être entendue, être nommée et vue, être instruite, pouvoir sortir, sortir dans la rue, hors de la prison des systèmes psychologiques, hors de la fiction de l'intériorité qui la force à se projeter pour gagner une reconnaissance extérieure. Nous savons aussi qu'elle porte un intérêt vital à l'existence et au comportement de son gardien dont elle dépend, mais cet intérêt ne se manifeste pas envers l'existence et le comportement en tant que tels, afin de procurer assistance ou guérison. Elle paraît plutôt s'intéresser à cette existence pour le bien de l'âme.

La fiction qui soigne

Elle semble demander que nous fassions porter notre sens de ce qui importe le plus non sur la vie mais sur l'âme, que nous donnions sa valeur à l'existence en termes d'âme et de préférence à une âme valorisée en termes de vie. Ainsi, elle n'admet pas le manque d'intérêt envers la vie – surtout pas : elle est donc pareille aux dieux antiques pour qui l'impiété consiste en un péché majeur : l'indifférence.

Nous avons également constaté qu'il existe dans la psyché une interdépendance vivante entre son *logos* et sa thérapie. La psyché exige la psychologie comme élément nécessaire à sa thérapie, et elle demande la psychothérapie afin de faire sa psychologie. Même si l'âme est lasse d'être emprisonnée dans ce *logos*, dans des structures, des systèmes et des mots pris à la lettre, elle est profondément philosophique. Comme nous l'avons vu, elle philosophe. La psyché est une intelligence qui veut en retour une psychologie intelligente. Son infériorité innée n'implique pas qu'elle soit stupide ; elle ne peut se nourrir des clichés de la psychologie inférieure, ni même des idées supérieures lorsqu'elles sont simplement reprises des maîtres. Souvenez-vous de la voix qui disait : « J'aime tes erreurs » ou « Je n'obéis pas à la loi de compensation ». La thérapie de la psyché nous demande d'élucider le *logos* de la psyché, de faire de chaque individu un psychologue.

Selon nous, la psychologie a donné trois réponses principales concernant ce que l'âme veut :

Que veut l'âme ?

les réponses existentialiste, freudienne et jungienne, en fonction de la façon dont on comprend le mot *want*, en tant qu'abîme effroyable, désir d'accomplissement ou quête de la totalité. Nous pouvons en trouver encore une chez Adler : ce que l'âme veut est ce qui lui manque, ce qui lui fait défaut en tant que *wo es fehlt*. Cette réponse postule que l'infériorité est fondamentale en elle et n'est pas seulement l'effet du phantasme spirituel de perfection. La raison de ce manque est à chercher dans les *inferiores*, les plus profonds personnages psychiques du monde souterrain, dont les voix anéantissent toute assurance catégorique en brisant, en amoindrissant et en diminuant les arguments qui négligent l'infériorité. Ce que l'âme veut est donné avec elle, comme le manque de l'hermaphrodite d'Aristophane dans le *Banquet*, comme le besoin des âmes dans l'Hadès et les désirs des voix dans les dialogues cités.

Ce besoin de l'âme ne reflète-t-il pas la nature essentielle d'Éros, dont la mère est Pénia (pauvreté, indigence, besoin) ? Et n'est-ce pas le même manque qui est présent chaque fois que nous sommes amoureux, que ce soit dans le cas du transfert de la thérapie ou de l'amour qui se développe lorsque nous sommes occupés à produire un travail de l'imagination, un poème ou un roman ? Bien qu'inventifs et ingénieux (le père d'Éros est Poros, expédient)[24], nous n'en sommes pas moins perplexes. Éros lui-même nous conduit à l'infériorité, à ce fait consternant de notre insuffisance, de notre incapacité, de la sensation de manque éprouvée par notre âme, qui sera toujours dans le besoin. Le besoin est la mère des difficultés érotiques de l'âme : le manque de l'âme est inévitablement lié à son *éros*, cela même qui semble lui manquer le plus et qui est pourtant aussi bien à l'origine de ce manque.

Si le manque de l'âme existe *a priori*, alors la carence est une possibilité irrévocable de l'âme. Peut-être la sensation de l'âme ou d'être dans l'âme (*esse in anima*) est-elle la plus forte lorsque nous sentons le plus sa carence. Le sens du manque appartient donc à l'ontologie de l'âme et à ce que nous entendons par le fait d'« être psychologique ». Nul acte psychologique ne satisfait pleinement, nulle interprétation ne produit le déclic de la clé dans la serrure, nulle relation entre âmes ne comble le manque ou le sens de l'échec qui reflètent l'essence de la psyché. L'imperfection fait partie de son essence, et nous ne sommes entiers que parce que nous sommes incomplets. Il y aura toujours une erreur qui est précisément ce qui confère sa valeur au courage thérapeutique. La psychothérapie doit s'en tenir à sa propre infériorité si elle veut rester psychothérapeutique.

Mais, comme les patients dans les dialogues, la psychothérapie a du mal à entendre les voix de ses propres *inferiores*. Elle aussi voudrait s'éloigner de ses ombres, de sa maladie, de ses ancêtres. Cet effort pour s'éloigner de l'infériorité est « le complexe d'infériorité de la psychothérapie », qui

Que veut l'âme ?

apparaît dans la pratique de notre époque et dans le souvenir de son histoire, bâtis non sur un savoir irréfutable mais en réponse à des âmes dans le besoin ; et même cette réponse psychothérapeutique est aussi variée et contradictoire que ses fondateurs. Alfred Adler constitue un pan de cette histoire, le « moindre » membre parmi les ancêtres. L'intention dans ce chapitre en rétablissant Adler est de nous le restituer, et avec lui sa contribution à l'infériorité de la psychothérapie.

Car toute l'œuvre thérapeutique, avec sa vision de la perfection, atteinte dans l'amour du sentiment de solidarité, ne peut jamais oublier le minuscule début, le gravillon dans la chaussure, la *petite tache humide** qui nous renvoie aux sentiments d'infériorité donnés avec l'incarnation dans notre être créé organique. Partant, même nos réponses à la question « Que veut l'âme ? » ne nous mettent pas au-dessus de la question. Nous n'avons pas réussi, *tout* ne sera pas pour le mieux. Nous essayons pourtant de rester en contact avec l'âme grâce à la question. Il suffit peut-être à la psychothérapie de se rappeler, non pas ce que l'âme veut, mais le fait même qu'elle veuille, et que l'éternel manque de l'âme est l'éternelle question de la psychothérapie.

Références et abréviations

TN Adler, Alfred, *Le Tempérament nerveux*, traduction du Dr Roussel, Paris, Petite Bibliothèque Payot, [1948], 1992.

IO —, *La Compensation psychique de l'état d'infériorité des organes*, traduction du Dr H. Schaffer, Paris, Payot, 1956.

CH —, *Connaissance de l'homme*, traduction J. Marty, Paris, Petite Bibliothèque Payot, [1948] 2004.

PI —, *Pratique et théorie de la psychologie individuelle et comparée*, traduction du Dr H. Schaffer, Paris, Payot, 1975.

HL —, *What Life should mean to You*, Londres, Unwin Books [1932], 1962.

Lou Andreas-Salomé, Lou, *Journal d'une année, 1912-1913*, in *Correspondance avec Sigmund Freud, 1912-1936*, traduction Lily Jumel, Paris, Gallimard, 1970.

A&A Ansbacher, H. L. et Ansbacher, R. R., *The Individual Psychology of Alfred Adler*, New York, Harper Torchbook, 1964.

- *Ell* Ellenberger, H. F., *Histoire de la découverte de l'inconscient*, traduction J. Feisthauer, Paris, Fayard, 1994.
- *CW* C. G. Jung, *The Collected Works of C. G. Jung*, Bollingen Series, traduction R. C. F. Hull, Princeton, Princeton University Press. [Chaque fois que c'était possible, l'œuvre correspondante en français a été citée de préférence].
- *LFJ* *S. Freud et C. G. Jung, Correspondance*, traduction R. Fivaz-Silbermann, Gallimard, 1975.
- *OC67* O'Connell, W. E., « Individual Psychology », *New Catholic Encyclopedia*, 1967.
- *OC76* —, « The "Friends of Adler" Phenomenon », *J. Ind. Psychol.*, 32/1 (1976).
- *OC77* —, « The Sense of Humor : Actualizer of Persons and Theory », in *It's a funny thing, Humour*, edition de A. Chapman et H. Foot, Oxford, Pergamon, 1977.
- *Spr* *Spring : An Annual of Archetypal Psychology and Jungian Thought*, New York/Zurich, Spring Publications, 1970-1983.
- *V* Vaihinger, H., *The Philosophy of « As If »*, traduction C. K. Ogden, Londres, Routledge, 1935.
- *W* Way, Lewis, *Alfred Adler, An Introduction to his Psychology*, Harmondsworth, Penguin, 1956.

NOTES

1. La fiction de l'histoire clinique

1. Giovanni Papini (1881-1956), écrivain et philosophe pragmatiste italien. Cf. *The Encyclopedia of Philosophy*, New York, Macmillan, 1967, vol. 6. Article « Papini ».
2. G. Papini, « A Visit to Freud », repris dans *Review of Existential Psychology and Psychiatry 9*, n° 2, 1969, p. 130-34.
3. J. Hillman, *Re-Visioning Psychology*, New York, Harper & Row, 1975.
4. S. Freud, *Cinq Psychanalyses*, Paris, PUF, [1954], 2001, traduction M. Bonaparte et M. R. Lowenstein, p. 3. Pour quelques contributions récentes concernant la question des cas cliniques de Freud comme littérature, voir S. Marcus, « Freud und Dora. Roman, Geschichte, Krankengeschichte », *Psyche* 1974 (28), p. 32-79 ; L. Freeman, « Bibliography », dans son *The Story of Anna O.*, New York, Walker, 1972. Depuis *The White Hotel*, de D. H. Thomas, il y en a eu beaucoup d'autres.
5. *A Dictionary of Modern Critical Terms*, édité par Roger Fowler, Londres et Boston, Routledge & Kegan Paul, 1973, article « Technique ».
6. E. M. Forster, *Aspects du roman*, Paris, Bourgois, 1993, repris en 10/18, traduction Sophie Basch, p. 43.
7. Selon ce que j'ai entendu dire, le dernier livre que lisait Freud mourant est *La Peau de chagrin* de Balzac.
8. Cité par Forster, *op. cit.*, p. 57-8.

La fiction qui soigne

9. S. Freud, *op. cit.*, p. 9. Les arguments de Freud en faveur des défenses du patient (son sentiment de timidité et de honte) lui fournissent également l'occasion de s'interposer en tant que narrateur entre l'histoire et le lecteur. Ce procédé est fondamental dans l'art de raconter : « Dans la littérature née de l'imagination, la nature du lien entre le lecteur et le texte est déterminante, et c'est là que le *narrateur* devient important. Tout récit comprend deux dimensions qui se recoupent : l'une relève du contenu, de l'agencement des matériaux, l'autre est rhétorique, elle concerne la manière dont le récit est présenté au public ». Fowler, *op. cit.*, article « Narrative [récit] ».

10. Cf. mon texte « Methodological Problems in Dream Research », dans mon livre *Loose Ends-Primary Papers in Archetypal Psychology*, New York/Zurich, Spring Publications, 1975, p. 196-8.

11. Également dans *Cinq Psychanalyses*. La meilleure étude et la meilleure bibliographie du cas Schreber sont celles de Roberto Calasso annexées à la traduction italienne des *Mémoires* de Schreber, Milan, Adelphi, 1974.

12. Cité par Forster, *op. cit.*, p. 57, tiré du *Système des Beaux-Arts* d'Alain, Paris, Gallimard, 1920, p. 364-5.

13. Forster, *op. cit.*, p 95.

14. Fowler, *op. cit.*, article « Plot [intrigue] ».

15. Première définition de l'histoire tirée du *Dictionary of Philosophy and Psychology* de J. M. Baldwin, New York, Mcmillan, 1925. Article « History ».

16. A. J. Ayer, *The Foundations of Empirical Knowledge*, Londres, Macmillan, 1969, p. 79.

17. Hans Vaihinger, *The Philosophy of « As If »*, traduction C. K. Ogden, Londres, Routledge & Kegan, 1935 ; cf. la pertinence des fictions « comme si » pour la psychologie archétypique dans mon texte *Re-Visioning Psychology*, *op. cit.*, p. 153 et sqq.

18. L'un de ceux ayant exploré les modes fictionnels pour connaître la *vision* d'un cas clinique par l'analyste est Roy Schafer, « The Psychoanalytical Vision of Reality », *International Journal of Psychoanalysis 51*, 1970, p. 279-97. Schafer distingue quatre visions fondamentales dans l'écriture psychanalytique : comique, romantique, tragique et ironique (recon-

Notes

naissant sa dette envers Northrop Frye, qui à son tour reconnaît la sienne envers Jung).

19. Wolfgang Giegerich, « Ontogeny = Phylogeny ? », *Spring 1975*, New York/Zurich, Spring Publications, p. 118.

20. Voir mon « On Senex Consciousness », *Spring 1970*, p. 146-65. Voir également, sur Saturne d'un point de vue psychologique, A. Vitale, « L'Archétype de Saturne ou la Transformation du père », in *Pères et mères*, Paris, Imago, 1978, traduction Micheline Laguilhomie.

21. Patricia Berry, « An Approach to the Dream », dans son *Echo's subtle Body*, Dallas, Spring Publications, 1982.

22. Fowler, *op. cit.*, article « Hero ».

23. Sur Saturne et le thème de la réduction, voir P. Berry, « On Reduction », *op. cit.* et mon article « The "Negative" Senex and a Renaissance solution », *Spring 1975*, p. 88 et sqq.

24. Annabel M. Patterson, *Hermogenes and the Renaissance : Seven Ideas of Style*, Princeton, Princeton University Press, 1970.

25. J. Hillman, *Suicide and the Soul*, Dallas, Spring Publications, [1964] 1978, p. 77-9.

26. [James Hillman se réfère systématiquement aux œuvres complètes de C. G. Jung en vingt volumes, *The Collected Works of C. G. Jung* (*CW*), Bollingen Series, traduction R. C. F. Hull, Princeton, Princeton University Press. Chaque fois que c'était possible, l'œuvre correspondante en français a été citée de préférence, grâce au tableau de concordance établi par la Société française de psychologie analytique.] *(NdT.)*

27. C. G. Jung, *L'Homme à la découverte de son âme*, Paris, Albin Michel, [1962] 1987, traduction R. Cahen, p. 212, 203, 205, 251-2, 263-4 ; *L'Énergétique psychique*, Librairie de l'Université, Georg & Cie, Genève, 1956, traduction Y. Le Lay, p. 226 ; *Synchronicité et Paracelsica*, Albin Michel, 1988, traduction C. Maillard et C. Pflieger-Maillard, p. 45 (para. 38 [853] ; *Psychologie de l'Inconscient*, Paris, Buchet-Chastel, 1952, traduction R. Cahen, p. 72 et 98-101 ; *Dialectique du moi et de l'inconscient*, Paris, Gallimard, 1964, traduction R. Cahen, p. 28-30 ; *La Guérison psychologique*, Georg, 1970, traduction R. Cahen, p. 117 ; *Psychologie du transfert*, Albin Michel, 1980, traduction E. Perrot, p. 118-9 ; « De l'inconscient », *Cahiers jungiens de psychanalyse*, n° 84, 1995, traduc-

tion A. Gaillard-Dermigny, p. 57, para. 29 ; *Un Mythe moderne*, Paris, Gallimard, 1961, traduction R. Cahen, p. 63.

28. H. H. Walser, « An Early Psychoanalytical Tragedy », *Spring 1974*, note p. 248.

29. Sur le lien entre les idées de Jung et son histoire clinique, voir A. Jaffé, « The Creative Phases in Jung's Life », *Spring 1972*, p. 162-90.

30. Cahiers jungiens de psychanalyse, n° 82, printemps 1995, traduction A. Gaillard-Dermigny. Cf. *Introduction à l'essence de la mythologie*, avec C. Kerényi, traduction H. E. del Medico, Paris, Payot, 1953, pour de plus amples explications concernant le fait que Jung n'emploie pas la notion d'histoire clinique au sens habituel.

31. Sur Jung et Hermès, voir D. C. Noel, « Veiled Kabir : C. G. Jung's Phallic Self-Image », *Spring 1974*, en particulier p. 235-40.

32. Gay Clifford, *Transformations of Allegory*, Londres, Routledge, 1974.

33. Fowler, *op. cit.*, article « Allegory ».

34. Sur l'histoire du contraste entre Apollon et Dionysos, voir *Historisches Wörterbuch der Philosophie*, édition de J. Ritter, Bâle/Stuttgart, Schwabe, 1971, « Apollonische/dionysische », vol. 1, p. 422. Sur la conception jungienne de Dionysos, voir mon article « Dionysus in Jung's Writings », *Spring 1972*, et sur le contraste entre Dionysos et Apollon, la troisième partie de mon livre *Le mythe de la psychanalyse*, Paris, Imago, 1977, traduction P. Mikriammos ; Gerard Holton, « On Being Caught between Dionysians and Apollonians », *Daedalus*, été 1974, p. 65-81 ; sur le dieu grec lui-même, les travaux indispensables sont : W. F. Otto, *Dionysos, le mythe et le culte*, Paris, Mercure de France, 1969, traduction P. Lévy, et Karl Kerényi, *Dionysus*, Princeton, Princeton University Press, 1976, traduction R. Manheim. Les travaux modernes sur le sujet induisent souvent en erreur, faute de brosser un tableau suffisamment complet de Dionysos ou d'Apollon, pour la raison qu'ils sont eux-mêmes pris au piège de la polarité entre ces deux dieux et se contentent d'exprimer des opinions archétypiques et stéréotypées. Par exemple : P. Slater, *The Glory of Hera*, Boston, Beacon, 1968 ; M. K. Spears, *Dionysus and the City*, New York, Oxford Univ. Press, 1970. Comme je le sou-

Notes

ligne dans mon article sur la vision jungienne de Dionysos, l'image que nous nous faisons généralement de ce dieu est influencée par Nietzsche, Wotan et l'Allemagne. Pour un recueil sur ce Dionysos germanique, voir J. H. W. Rosteutscher, *Die Wiederkunft der Dionysos*, Berne, Francke Verlag, 1947.

35. W. Shakespeare, *Hamlet*, acte II, scène 2, traduction Yves Bonnefoy, Gallimard, Folio, p. 95.

36. La différence classique entre mémoire et imagination consiste seulement dans le fait que les images « remémorées » possèdent en plus une dimension temporelle. Cette distinction vient d'Aristote, cf. Frances Yates, *L'Art de la mémoire*, Gallimard, 1987, traduction D. Arasse, p. 44.

37. Lorsque Salluste explique la nature des mythes, il dit : « Tout cela ne s'est pas produit à un instant donné mais a toujours été ainsi ». Salluste, *Concerning the Gods and the Universe*, IV, Ed Arthur Darby Nock, Cambridge Univ. Press, 1926.

38. Cf. K. R. Popper, *Misère de l'historicisme*, Paris, Plon, 1956, traduction H. Rousseau. Popper engage le débat sur l'histoire comme besoin psychologique, mais il évoque un point de vue particulier et une utilisation spécifique de l'Histoire : l'historicisme. Nous ouvrons davantage la question : à quoi bon le mode historique tout court ?

39. Peter Burke, *The Renaissance Sense of the Past*, Londres, Arnold, 1969, p. 105.

40. E. S. Casey, « Toward a Phenomenology of Imagination », *J. British Society Phenomenology 5*, 1974, p. 10.

41. J'ai longuement examiné le lien entre l'imagination et l'enfance dans mon article « Abandonning the Child », *Eranos 40*, 1971.

42. Les différentes manières de rédiger les histoires cliniques obéissent à des codes anciens. L'intérêt du réalisme social pour les détails lâches et triviaux implique un style ou une écriture épousant la bassesse des choses de la vie quotidienne. Le style jungien est « élevé » grâce à ses résonances archétypiques avec des événements héroïques, tribaux et mythiques ; il obéit à la conception classique et renaissante de l'histoire qui « exclut les gens, les choses ou les mots "bas" » (Burke, *ibid.*).

La fiction qui soigne

43. Le terme « genèse de l'âme » et l'idée qu'elle se déroule dans la « vallée du monde » viennent de John Keats, voir ce que j'en dis dans « Cimes et vallées », in *La Trahison*, Paris, Payot & Rivages, 2004, trad. Élise Argaud, et *Re-visioning Psychology*.

44. Pour une excellente présentation de la genèse de l'âme et de la psychothérapie à travers les mots, voir Pedro Laing Entralgo, *The Therapy of the Word in Classical Antiquity*, traduction L. J. Rather et J. M. Sharp, New Haven, Yale Univ. Press, 1970.

2. Le pandémonium des images

1. C. G. Jung, *« Ma vie »*. *Souvenirs, rêves et pensées*, recueillis et publiés par Aniéla Jaffé, Paris, Gallimard, Folio, [1966] 1973, traduction R. Cahen et Y. Le Lay.

2. S. Leavy, « A Footnote to Jung's "Memories" », *Psychoanalytic Q.* 33, 1964, pp. 567-74.

3. *Psychologie de l'Inconscient, op. cit.*, p. 194. Pour en savoir plus sur le *daïmôn* comme celui qui assigne un destin, voir B. C. Dietrich, *Death, Fate and the Gods*, Londres, Athlone, 1967, p. 18, 57.

4. Cf. R. Grinell, « Reflections on the Archetype of Consciousness – Personality and Psychological Faith », *Spring 1970*, p. 30-9.

5. C. G. Jung, *« Ma vie »*, p. 210-11.

6. *Ibid.*, p. 212-3.

7. Cf. *Matthieu*, XXIV, 4 et 24 (bien que les *daïmôns* ne soient pas directement mentionnés) ; VIII, 31 ; IX, 32, XI, 18 ; XV, 22 ; de même, *Marc*, I, 32 ; V, 12 ; saint Jacques, III, 15 ; II, 19. Les autres références aux *daïmôns* sont données en note ci-après.

8. Pour une introduction à la littérature consacrée aux *daïmôns* et à la démonologie, voir *RGG* « Dämonen » ; van der Leeuw, *Religion in Essence and Manifestation*, I, 14, 15, 40, 42 (sur les *daïmôns*, les anges, les âmes plurielles, les âmes extérieures) ; Rohde, *Psyché*, Paris, Payot, 1928, traduction A. Reymond. Pour des ouvrages plus récents, voir : F. A. Wilford, « *Daimon* in Homer », *Numen XII/3*, 1965,

Notes

p. 217-32 ; R. H. Barrow, *Plutarch and his Times*, Bloomington/Londres, Indiana Univ. Press, 1969, p. 86-91 et G. Soury, *La Démonologie de Plutarque*, Paris, Les Belles-Lettres, 1942 ; sur ce sujet dans l'Antiquité dans son ensemble : M. Détienne, *La Notion de « daimon » dans le pythagorisme ancien*, Les Belles-Lettres, 1963 ; E. R. Dodds, « L'Homme et le monde démoniaque », *Païens et chrétiens dans un âge d'angoisse*, Claix, La Pensée Sauvage Éditions, 1979 ; A. Cook, « Daimon », dans son *Enactment : Greek Tragedy*, Chicago, Swallow Press, 1971. On trouve des passages particulièrement intéressants dans R. B. Onians, *Les origines de la pensée européenne : sur le corps, l'esprit, l'âme, le monde, le temps et le destin*, Paris, Seuil, 1985, traduction B. Cassin, A. Debru, M. Narcy, voir l'index ; D. O'Brien, *Pour interpréter Empédocle*, Les Belles-Lettres, 1981 ; A. D. Nock, « The Emperor's Divine *Comes* », *Essays on Religion and the Ancient World*, Oxford, Clarendon, 1972, p. 664 et sqq ; D. P. Walker, *La Magie spirituelle et angélique : de Ficin à Campanella*, Paris, Albin Michel, 1988, traduction M. Rolland ; E. R. Dodds, « Commentary » to *Proclus' The Elements of Theology*, Oxford, Univ. Press, p. 249 et sqq. Également utiles : E. Benz, *Die Vision – Erfahrungsformen und Bilderwelt*, Stuttgart, Klett, 1969 ; O. Diethelm, « The Medical teaching of Demonology in the 17th and 18th centuries », *J. Hist. Behav. Science* VI/1, 1970, p. 3-15 ; R. May, « Psychotherapy and the Daimonic » in *Myths, Dreams, and Religion*, sous la direction de J. Campbell, NY, Dutton, 1970, p. 196-210 ; P. Friedländer, « Demon and Eros », vol. 1, chap. 2 de son *Plato*, traduction H. Meyerhoff, NY, Pantheon, 1958. « Excursus on the History of the Doctrine of Dameons », in J. Stewart, *The Myths of Plato*, Londres, Centaur Press, 1960, p. 384-401.

9. Pour le Grec de l'époque d'Homère, « notre identité s'exprime largement en termes de l'histoire, ou des *histoires* de notre vie. Les événements auxquels un homme prend part [...] forment son identité. Si la version des événements diffère, les hommes diffèrent ». B. Simon & H. Weiner, « Models of Mind and Mental Illness in Ancient Greece, I », *J. Hist. Behav. Science* II, 1966, p. 308. Puisque les dieux participent à ces histoires, elles deviennent des mythes, et notre

La fiction qui soigne

biographie prend des allures de mythologie. La connaissance de soi ou « introspection » est dans la pensée grecque plus tardive « une façon d'examiner, de trier et d'étudier en détail » ces « histoires ».

10. E. Gendlin, « Focusing », *Psychotherapy* 6/1, 1969, p. 4-15. Cet excellent article est emblématique des limites de l'introspection dans les thérapies phénoménologiques ou axées sur le corps. Par l'examen de soi, on ne quitte jamais l'« intérieur » de sa propre conscience.

11. R. Poole, *Towards Deep Subjectivity*, Londres, Allen Lane, Penguin, 1972. Ici, la dimension d'approfondissement n'accède jamais vraiment en deçà du moi historique et de ses sentiments. L'appel à une « totalité de perspectives multiples » ne dépasse pas un humanisme égocentrique dépourvu des *cosmoï* divins qui relient ces différentes perspectives grâce aux mythes et qui offrent leurs métaphores originelles et leurs communautés de sens au sein desquelles elles sont nécessaires. En l'absence de personnes archétypiques proposant de profondes (au sens de au-delà) subjectivités qui ne sont pas la mienne, l'humanisme existentiel et phénoménologique méconnaît ses propres infrastructures. Il se mue en un relativisme laïc radical ou en une forme de solipsisme qui conteste les sentiments personnels (ce que Poole reconnaît), une simple affaire d'opinion qui n'est pas modifiée par l'augmentation de la quantité d'opinions. En défendant la multiplicité des perspectives subjectives, cette position manifeste un manque de respect envers leur origine. Car, en plaçant tous les regards dans la tête de l'homme omniscient (une totalité de points de vue), ou au sein d'une introjection de membre d'une commission, on fait fi des dieux qui voient effectivement par nos yeux. Mais seuls les dieux confèrent sa légitimité au relativisme radical et le rendent acceptable. Or une fois qu'ils sont admis, nous avons quitté Poole (qui parle au nom de Protagoras, Husserl, Sartre, Laing, Kierkegaard, etc. et de leur humanisme) pour la précision imagée d'une psychologie archétypique. La subjectivité profonde renvoie alors aux *sujets* qui habitent mes profondeurs.

12. C. G. Jung, *L'Homme à la découverte de son âme, op. cit.*, p. 189-90 ; *Problèmes de l'âme moderne*, Buchet-Chastel, 1961, traduction Y. Le Lay, p. 83 et 112-3 ; *Types psycholo-*

Notes

giques, Georg, Genève, 1950, traduction Y. Le Lay, p. 106-7 (à partir de Schiller) et 218-9 ; voir aussi « Comments on a Passage from Nietzsche's *Zarathustra* », *Spring 1972*, p. 152-4. Ces paragraphes illustrent la conception *religieuse* qu'a Jung des complexes.

13. Cf. J. Kamerbeek, « Dilthey versus Nietzsche », *Studia Philos.* X, 1950, p. 52 et sqq pour une série de passages dans lesquels les deux auteurs attaquent l'introspection.

14. *Humain, trop humain*, II, maxime 223, Paris, Laffont, 1993, traduction A.-M. Desrousseaux et H. Albert, révisée par Jean Lacoste.

15. C. G. Jung, *« Ma vie »*, p. 224.

16. Comparez avec la réaction similaire de Jaspers ci-dessous, en termes de moralité, dès qu'il aborde le sujet des *daïmôns*. Pour une étude plus approfondie de la question morale en lien avec les images archétypiques, voir R. Grinnell, « In Praise of the "Instinct for Unholiness"– Intimations of a Moral Archetype », *Spring 1971*, p. 168-185.

17. C. G. Jung, *« Ma vie »*, p. 213.

18. *Ibid.*, p. 394.

19. Sur la distinction entre âme et part spirituelle ainsi que sur les liens entre elles, voir *Re-visioning Psychology*, *op. cit.*, p. 67-70, ainsi que mon texte « Anima II », *Spring 1974*, p. 144-5.

20. Karl Jaspers, *La foi philosophique*, Paris, Plon, 1953, traduit par J. Hersch et H. Naef, p. 162-3. Jaspers avait déjà examiné et condamné « l'image du monde mythologique et démoniaque » qu'on trouve en particulier chez Goethe, in K. Jaspers, *Psychologie der Weltanschauung*, Berlin, Springer, 1919, p. 166-72.

21. K. Barth, *Dogmatique 3*, publié sous la direction de Jacques de Senarclens, Genève, Labor et Fides, 1962, traduction F. Ryser.

22. Cité à partir de D. P. Gray, *The One and the Many : Teilhard de Chardin's Vision of Unity*, Londres, Burns & Oates, 1969, p. 21. Cf. la première partie de mon texte *Le Mythe de la psychanalyse*, *op. cit.*, pour diverses notions archétypiques de créativité. La vision de Teilhard épouse ici manifestement la perspective de l'archétype du *senex*.

La fiction qui soigne

23. Cf. *Les racines de la conscience, op. cit.*, p. 508-20, « L'inconscient comme conscience multiple », et *L'énergétique psychique, op. cit.*, p. 238-9.

24. Le problème est déjà posé dans *Marc* I, 34 où il est dit que Jésus « ne permettait pas [aux démons] de dire qu'ils le connaissaient ».

25. W. Theiler, « Die Sprache des Geistes in der Antike », *Forschungen zum Neuplatonismus*, Berlin, 1966, p. 302-12.

26. Certaines différences entre le langage de la part spirituelle en nous et celui de l'âme sont exposées dans mon article intitulé « Cimes et vallées », in *La Trahison et autres essais*.

27. « La réalité consiste en une multiplicité de choses. Mais *un* n'est pas encore un nombre. Deux est le premier nombre avec lequel commence la pluralité et donc la réalité », *Mysterium Conjunctionis, op. cit.* tome 2, p. 252-3 ; voir aussi le passage sur la multiplicité dans ses *Sept sermons aux morts*, Sermo IV, Cahiers de l'Herne, éditions de l'Herne, 1984, traduction E. Bigras : « La multiplicité des dieux correspond à la multiplicité des hommes ». « L'unité de la conscience, de la prétendue personnalité, n'est pas une réalité mais un *desideratum* », *Les Racines de la conscience, op. cit.*, p. 124-5.

28. C. G. Jung, *« Ma vie »*, p. 215-18 ; *L'âme et le soi*, Albin Michel, Paris, 1990, traduction C. Maillard, C. Pfliger-Maillard et R. Bourneuf, p. 169 et 172.

29. Comparez le dualisme radical de Jaspers (« rien entre eux deux ») avec ce passage tiré de Platon (c'est Diotime qui parle dans *Le Banquet*, Gallimard, Folio, 1950, p. 108-9) : « ... tout ce qui est démonique est intermédiaire entre ce qui est mortel et ce qui est immortel... [avec la fonction] de faire connaître et de transmettre aux Dieux ce qui vient des hommes, et aux hommes ce qui vient des Dieux... étant intermédiaires entre les uns et les autres, ce qui est démonique en est complémentaire, de façon à mettre le tout en liaison avec lui-même... Le Dieu, quant à lui, ne se mêle pas aux hommes ; mais cependant, grâce à cette nature moyenne [le daïmonique], c'est d'une façon complète que se réalise pour les Dieux la possibilité d'entrer en relation avec les hommes et de converser avec eux, soit pendant la veille, soit pendant le sommeil ». Plutarque va plus loin, disant que celui qui nie les *daïmôns* brise la chaîne

Notes

qui relie le monde aux dieux (*De Defectu Orac.*, 13). À l'évidence, comme le fait remarquer C. Bigg dans *The Christian Platonists of Alexandria*, Oxford, Clarendon, 1913, 1968, p. 307-8 : « Bien comprise, la doctrine des Daemons rendrait [...] inutile la croyance dans le Christ ». Ainsi, ce débat porte sur la nature du médiateur, soit la seule personne historique, le Christ et la croix (*axis mundi*), soit la pluralité des personnes imaginales. D'où le signe de la croix comme protection contre les *daïmôns*. Le même usage peut être fait de la « croix psychologique », c'est-à-dire le mandala qui a surgi dans l'esprit de Jung au moment même où a lieu sa rencontre avec les *daïmôns* et qui, dans ses écrits sur le mandala, est présenté comme un refuge contre les incursions des puissances psychiques (*Les racines de la conscience, op. cit.*, p. 21-22 et *Psychologie et orientalisme*, Albin Michel, 1985, traduction P. Kessler, J. Rigal et R. Roschlitz, p. 98). (Sur la croix en lien avec les différents pouvoirs, voir *Les racines de la conscience, op. cit.* p. 308-10.) Comme Jung le montre ensuite, l'effondrement de cet *axis mundi* (le christianisme comme médiateur) ressuscite les *daïmôns* et les replace dans leur ancienne position élevée, comme des choses qui « apparaissent dans le ciel » (les soucoupes volantes, *Un Mythe moderne, op. cit.*, p. 74), recourant pour les décrire au même terme qu'utilise Jamblique pour les *daïmôns* (voir ci-après) : rapidité, luminosité, etc. La religion officielle d'aujourd'hui (la science, l'armée, le gouvernement), à travers ses services d'*inspectio*, a aussi déclaré que ces *daïmôns* sont « inexistants », alors que la croyance populaire continue à les « voir » et à en témoigner.

30. Dans son étude détaillée de la logique du troisième royaume ou loi du moyen terme, Jamblique soutient également que l'âme en tant que médiateur est ce qui préserve les distinctions : « Deux termes dissemblables doivent être reliés par un intermédiaire ayant quelque chose en commun avec chacun des deux. » Ainsi, l'âme relie, parce qu'elle possède quelque chose en commun à la fois avec le monde et avec le divin, tout en « les maintenant strictement séparés ». La citation et son interprétation sont tirées de R. T. Wallis, *Neo-Platonism*, Londres, Duckworth, 1972, p. 131.

La fiction qui soigne

31. Cf. ma note sur cette image de Protée chez Jung et pendant la Renaissance dans mon texte *Re-Visioning Psychology*, *op. cit.*, p. 256, note 73.

32. Proclus avait déjà relevé que les *daïmôns* nous enseignent le mode de pensée « comme si » du mythe, « An Apology for the Fables of Homer », *Thomas Taylor the Platonist : Selected Writings*, sous la direction de K. Raine et G. M. Harper, Princeton, Univ. Press, 1969, p. 461 : « ... nous pouvons en particulier percevoir l'alliance de ces fables avec la tribu de daemons, dont les énergies manifestent beaucoup de choses symboliquement, comme le savent ceux qui ont rencontré des daemons en étant éveillés ou ont pu apprécier comment ils inspirent leurs rêves... ».

33. H. Stierlin, « Karl Jaspers' Psychiatry in the Light of his Basic Philosophical Position », *J. Hist. Behav. Science* X, 2, 1974, p. 221. L'accusation de Stierlin selon laquelle Jaspers n'a pas réussi à traiter la schizophrénie est une autre manière de dire qu'il a échoué avec les *daïmôns*.

34. *Métamorphoses de l'âme et ses symboles*, Georg/Livre de poche, 1953-1993, traduction Y. Le Lay, p. 427-8.

35. F. A Yates, *L'art de la mémoire*, *op. cit.*, p. 23.

36. C. J. Hefele fait un compte rendu exhaustif de la querelle de l'iconoclasme dans *A History of the Councils of the Church*, traduction W.H. Clark, Édimbourg, Clark, 1896, V, para. 260-301. Voir aussi d'intéressants documents en anglais par Cyril Mango, *The Art of the Byzantine Empire 312-1543*, Englewood Cliffs, Prentice Hall, 1972, p. 149-77.

37. Eusèbe, *Hist. eccl. Vii 18*, cf. I. P. Sheldon-Williams, « The Philosophy of Ikons », in *Cambridge History of Later Greek and Early Medieval Philosophy*, sous la direction de A. M. Armstrong, Cambridge Univ. Press, 1970, p. 515.

38. Hefele, *op. cit.*, p. 378-85.

39. *Ibid.*, p. 371-72 (compte rendu de la cinquième session du concile). Cf. Leonid Ouspensky, *La théologie de l'icône dans l'Église* [nouv. éd.], Paris, Éditions du Cerf, 2003, « ... le concile précise et insiste particulièrement sur le fait que notre attitude envers l'image doit être empreinte de respect et de vénération, mais non d'adoration, laquelle appartient seulement à Dieu... » (traduit de l'anglais). Le terme grec employé par le concile pour désigner cette vénération est *proskunèsis*.

Ce mot évoque les salutations de bienvenue et même le baiser, ce qui suggère que la relation aux images se fait à travers l'*anima*.

40. D'un côté, les partisans de l'image affirment, selon les termes de Jean Damascène, p. 226 (voir *infra*, note 43) : « L'icône [...] est ressemblance, modèle, représentation *montrant par elle-même celui dont elle est l'icône* » (je souligne). D'un autre côté, la position officielle telle que l'exprime encore plus clairement le concile de 869-870 (Hefele, *Histoire des conciles, d'après les documents originaux*, Paris, Letouzey et Ané, 1921, traduction Dom H. Leclercq, IV, para. 402, Canon 3) : « La sainte image de Notre-Seigneur Jésus-Christ doit être vénérée... à l'instar du saint livre des Évangiles ; car de même que les paroles de la sainte Écriture nous conduisent au salut, de même les images agissent sur nous par leurs couleurs, et tous, savants ou ignorants, *en tirent profit* » (je souligne). La décision doctrinale explique encore : « Car chaque fois que nous voyons leur représentation en une image, chaque fois, en les observant, nous sommes amenés à nous remémorer les prototypes... », Ouspensky, *op. cit.*, p. 160. Les images permettent d'être mises en relation avec les prototypes, ce qui implique toujours que les images relèvent d'un ordre second, inférieur de l'être.

41. Dans *L'énergétique psychique*, *op. cit.*, p. 73, Jung associe « l'extirpation du polythéisme » avec la suppression chrétienne de « la formation individuelle de symboles ». « À mesure que commence à pâlir l'intensité de l'idée chrétienne, il faut s'attendre à la recrudescence de la formation individuelle de symboles ». Ce qui n'empêche pas la formation individuelle de symboles d'être chrétienne, comme dans le cas de Jung lui-même.

42. Sheldon-Williams, *op. cit.*, p. 512.

43. Jean Damascène, « Défense des Icônes », in *La foi orthodoxe*, traduction du Dr E. Ponsoye, Paris, Institut orthodoxe français de théologie, 1966.

44. Basile de Césarée, *Sur le Saint Esprit* XVIII, Paris, Éditions du Cerf, 2002, traduction B. Pruche, p. 407 ; cité aussi in Sheldon-Williams, p. 509.

45. Le fait qu'Otto ait transposé un terme romain emprunté au contexte très imagé du polythéisme en un sentiment

La fiction qui soigne

théologique judéo-chrétien est généralement omis. On pense que *Le Sacré* [*Das Heilige*] a pour origine une expérience du « numineux » dans une synagogue de Tanger. R. Schinzer, « Rudolph Otto. Entwurf einer Biographie », in *Rudolph Otto's Bedeutung für die Religionswissenschaft und die Theologie heute*, sous la direction de E. Benz, Leyde, Brill, 1971, p. 17 ; *ibid.* (plus détaillé), p. 37 dans l'article de Benz. L'expérience d'Otto et son langage luthérien continuent d'influer sur la psychologie jungienne (par ex. quand le Soi et d'autres archétypes sont censés être reconnus en particulier lors d'événements « numineux ») sans connaissance du fait qu'un *numen* est une image. Par conséquent, « numineux » suggère non pas une puissance sacrée tout autre, mais plutôt la nature religieuse d'une *image*.

46. *Commentaire sur le mystère de la Fleur d'Or*, Albin Michel, Paris, 1979, traduction E. Perrot, p. 71 ; sur le complexe comme « image » : *L'Homme à la découverte de son âme*, *op. cit.*, p. 187-8, et comme « personne » : *ibid.*, p. 188-9.

47. *Psychologie et orientalisme*, *op. cit.*, p. 203.

48. *Mysterium Conjunctionis*, *op. cit.* p. 332.

49. *The Collected Poems of Wallace Stevens*, Londres, Faber, 1955, p. 463, « The Study of Image I ».

50. *Types psychologiques*, *op. cit.*, p. 432.

51. *The Collected Poems of Wallace Stevens*, *op. cit.*, p. 440, « A Primitive like an Orb ».

52. *Types psychologiques*, *op. cit.*, p. 53.

53. Le problème du dualisme moral lié aux *daïmôns* (la distinction de Jaspers entre « bienveillant et malveillant ») est censé – comme sont censés l'être un grand nombre de dualismes occidentaux – résulter d'une influence perse qui sépare de façon radicale les forces du bien (les anges) qui sont avec Dieu des forces d'Ahriman (les mauvais démons). Pourtant, comme le remarque A. D. Nock : « Les termes [*théoï* et *daïmôns*] n'impliquent pas de manière générale une antithèse entre bien et mal ». « Greeks and Magi », *Essays*, vol. II, p. 520. Dodds (*Païens et chrétiens*, note p. 29) trouve que le dualisme provient de Plutarque qui lui-même se réfère à Empédocle. (Cf. le *De Iside et Osiride* de Plutarque.) Mais n'est-ce pas Paul qui a poussé la question du dualisme rapporté aux *daïmôns* à son point de rupture dans sa *Première Épître aux Corinthiens*,

Notes

X, 19-21 ? Immédiatement après avoir condamné les images, il dit : « Vous ne pouvez pas participer à la table du Seigneur et à la table des démons ». Soit/soit. Le néoplatonisme a tenté de résoudre le dualisme grâce au pluralisme, en procédant à un échelonnement le long d'une chaîne verticale différenciée traversant la zone intermédiaire. La façon dont Jung distingue la psyché au moyen de personnifications (l'ombre, l'enfant, la mère, le *senex*, l'*anima*/nous, etc.) est comparable aux efforts des néoplatoniciens. Les deux structurent l'âme selon des types de personnes imaginales. Le théâtre de Guilio Camillo dans l'*Art de la mémoire* va dans le même sens. Il s'agit chaque fois de démonologies, qui se tournent vers une pluralité de divinités mythiques personnifiées (archétypes) pour leur organisation de l'âme, et qui situent les principes d'organisation dans l'âme elle-même, l'imagination.

54. Wallis, *Neo-Platonism*, p. 109.
55. Jamblique, *Les Mystères d'Égypte*, Les Belles-Lettres, 1981, II, para. 3.
56. *Ibid.*, I, para. 20. (Les questions posées par Porphyre dans une *Epistle to Anebo* sont traduites dans l'édition anglaise, p. 1-16.)
57. Cf. Wallis, *op. cit.*, p. 152 pour un graphique représentant cette hiérarchie.
58. Cf. Dietrich, « The Daemon and the hero », in *Death, Fate and the Gods*, chapitre II, pour une discussion exhaustive.
59. La distinction âme/part spirituelle est au fondement de l'œuvre de Jung depuis un article sur ce sujet paru en 1919 (*L'énergétique psychique*, *op. cit.*, p. 232 et sqq) jusqu'au grand opus sur leur conjonction (*Mysterium Conjunctionis*). Voir aussi *supra*, note 19.
60. Jamblique, *op. cit.*, p. 260 de l'édition anglaise (une note de T. Taylor citant le commentaire de Proclus *Sur le Premier Alcibiade de Platon*).
61. Le mode « daïmonique » ne se présente pas seulement sous forme d'images. Il se manifeste aussi dans la réflexion, ou, selon Nock : « Il ne faut pas oublier que, comme nous l'ont appris Wilamowitz et Nilsson, le mot *daïmôn* est extrêmement rare dans les cultes. C'est un terme de réflexion et d'analyse » (« The Cult of Heroes », *Essays* II, note p. 580). Le mode « daïmonique » fait son apparition dans nos constructions

mythologiques sur un événement après qu'il a eu lieu. Cela était déjà suggéré dans la note 32 ci-dessus, où Proclus établit un lien entre « la tribu des *daemons* » et la manière mythique de raconter.

62. Au cours de la Xe session, 11e canon, du concile œcuménique de 869, l'homme fut officiellement scindé en une dualité matérielle et immatérielle. La dimension immatérielle unissait l'âme avec la part spirituelle. Une distinction essentielle s'en est trouvée perdue. L'élimination de l'âme avait déjà été amorcée lors du concile de 789 (voir ci-dessus) avec la mise au pas des images. La leçon est claire : l'histoire est récapitulée en psychologie. Une fois que l'image est privée de son autonomie et de son pouvoir, il n'y a plus de preuve de l'« âme » dans l'expérience, qui, sans l'image, se réduit ensuite à un simple concept (théologique) dépourvu de nécessité.

63. Wallace Stevens, *The Collected Poems of Wallace Stevens*, *op. cit.*, p. 463.

64. Cf. R. F. C. Hull, « Bibliographical Notes on Active Imagination in the Works of C. G. Jung », *Spring 1971*, p. 115-20, pour une liste complète des passages.

65. *Mysterium Conjunctionis*, *op. cit.*, p. 295 et sqq (chapitre 6, « La connaissance de soi »).

66. *Ibid.*, p. 296 et 328-9.

67. Jung met l'accent sur le fait d'avoir « un colloque intérieur avec quelqu'un d'autre qui est invisible, comme par exemple avec Dieu qu'il invoque, avec lui-même ou avec son bon ange » (citation du dictionnaire alchimique de Ruland, *ibid.*, p. 295).

68. Citation par Jung de la mise en garde que Freud lui adresse, *« Ma vie »*, *op. cit.*, p. 177.

69. La théurgie populaire superstitieuse (ayant un effet sur les dieux) est toujours attribuée au néoplatonisme, et ce sujet suscite de vifs débats, par ex. A. A. Barb, « The Survival of the Magic Arts », in *The Conflict between Paganism and Christianity in the Fourth Century*, sous la direction de A. Momigliano, Oxford, Clarendon, 1963. D'ailleurs, une théurgie plus « élevée » (ou magie blanche) était recommandée par Jamblique. L'une des sources de l'aspect populaire dans le néoplatonisme (ou l'imagination active de Jung) est son mode de pensée psychologique, qui opère selon des « invisibles ». Ainsi,

Notes

certains néoplatoniciens recommandent la théurgie (Jamblique, *op. cit.*, 15-17) afin d'amener le « corps » dans la philosophie ; ou bien (pour Porphyre) la théurgie est une introduction facile pour les esprits simples et vulgaires (c'est-à-dire ceux qui fonctionnent seulement de façon littérale et concrète) à la communication avec les puissances. Mais au fond, comme le répète Plotin (*IIe Ennéade*, IX, 14), la théurgie ne peut pas concourir au retour de l'âme dans l'ordre intelligible. Au mieux, une telle théurgie (qui guide vers des images) est un antidote magique pourvu d'effets pratiques immédiats (*IVe Ennéade*, IV, 43) ou ce que la psychothérapie appelle maintenant un « rituel contre la phobie ». Voir d'autres arguments et références dans Wallis, *op. cit.*, pp. 71 ; et 3, 14, 108 et sqq, 153 ; Dodds, *Païens et chrétiens*, annexe 2 de l'édition anglaise « Theurgy » ; D. P. Walker, *La magie spirituelle et angélique, op. cit.*

70. Porphyre, *La vie de Plotin*, Paris, Vrin, 1992, 10-33-38, cité par Wallis, p. 71.

71. Que la connaissance de soi s'avère infinie n'est pas seulement une idée héraclitéenne (l'âme est sans fin) et socratique (la connaissance de soi est en fin de compte l'étude de la mort autant que du divin, *Premier Alcibiade*, 127 d et sqq, où le *soi* est aussi interprété en tant qu'*âme*), elle est également judéo-islamique, le « Connais-toi toi-même » signifiant, fondamentalement, la connaissance de Dieu (*Homo imago Dei*) : « Celui qui se connaît lui-même connaît son Seigneur. » Cf. A. Altmann, « The Delphic Maxim in Medieval Islam and Judaism », dans ses *Studies in Religious Philosophy and Mysticism*, Londres, Routledge, 1969, p. 1-40 avec d'abondantes notes. Conformément à cette tradition, j'ai dans cet article assimilé le « soi » obscur à l'« âme », *nefesh, nafs, nafashu, psyché, anima*.

72. Dans la dernière partie de *Mysterium Conjunctionis* évoquant la connaissance de soi et l'imagination active, Jung revient continuellement à Mercure, qui semble ainsi être à la fois le « connaisseur » secret (hermétique) et l'objet de cette connaissance, *Mysterium Conjunctionis, op. cit.*, p. 295 jusqu'à la fin.

73. « La multiplication [...] consiste à recommencer l'opération qui a déjà été effectuée, mais avec des matériaux exaltés et parfaits, non à partir de substances brutes... Tout le secret [...]

gît dans une dissolution physique au sein de Mercure... »,
M. Ruland, *A Lexikon of Alchemy*, Londres, Watkins, [1612]
1962. Il en découle clairement que l'opération requiert de dissoudre à nouveau la dimension physique d'une impulsion (une
« projection » comme l'appellent également les alchimistes)
dans la sphère psychologique (Mercure), et, plutôt que d'opérer
selon les termes des substances brutes actuelles, à savoir des
matérialismes sociologique et comportemental, de recommencer le travail psychologique mais à présent avec plus de
subtilité.

74. De nouveau le personnage de Mercure est *multi flores*,
il nous invite dans un monde de sens et habite les veines gonflées de sang (*Synchronicité et Paracelsica, op. cit.* p. 219-20).

3. Comment Adler imagine l'infériorité

1. Ses questions tentent de diviser l'hermaphrodite psychique ; voir *infra, Neurotic Thinking and the Hermaphrodite*.

2. Pour ceux qui s'y connaissent en astrologie, les trois
membres du triumvirat sont tous nés dans des signes fixes
(Freud le 6 mai, Taureau ; Adler le 7 février, Verseau ; Jung
le 28 juillet, Lion) et le fait qu'ils s'entendent est plus étonnant
que leur intransigeance et leur tendance à camper chacun sur
ses positions.

3. Une étude comparative a récemment été ébauchée par
R. J. Huber et R. Stein, « Social Interest and Individuation :
A Comparison of Jung and Adler », *Character Potential*, 7,
1976, p. 174-80. Des travaux classiques de comparaison ont
été entrepris au milieu du XXe siècle (« écoles comparatives de
psychologie des profondeurs »), dont deux ont été préfacés par
Jung : G. Adler, *Entdeckung der Seele*, 1934, et W. M. Kranefeldt, *Secret Ways of the Mind*, 1930.

4. J. Thompson Rowling, « Pathological Changes in Mummies », *Proc. Roy. Soc. Med. 54*, 1961, p. 410. Erik Hornung
m'informe que la corrélation entre un organe et un dieu n'était
pas du tout stricte : gardons-nous de percevoir la liberté de
l'imagination polythéiste égyptienne à travers les identifications systématiques qu'opère notre mentalité monothéiste.

Notes

5. Sur le lien entre image psychique et organe du corps dans la pensée jungienne, voir Jung, « Psychological Commentary on Kundalini Yoga », *Spring 1976 & 1977* ; R. G. Heyer, *The Organism of the Mind*, Londres, Kegan Paul, 1933 ; R. C. Bach, *Spontaneous Paintings of Severely Ill Patients*, Documenta Geigy, Acta Psychosomatica, Bâle, 1966.

6. La « nature dialectique de la réalité » proposée par les psychologues de Héraclite à Jung en passant par Coleridge, et jusqu'à des philosophes comme Hegel et Marx, de même que la « méthode dialectique » (de Nietzsche par exemple), peuvent être sévèrement attaquées d'un point de vue adlérien comme des modes de pensée névrotiques s'ils ne sont pas considérés comme des outils pragmatiques ou des fictions hypothétiques, avec à l'arrière-plan leur contrôle de la variété. Pour approfondir ce sujet, voir R. H. Dolliver, « Alfred Adler and the Dialectic », *J. Hist. Behav. Sci.* X/1, 1974, p. 16-20 ; H. L. Ansbacher, chapitre 3, « Masculine Protest : A Term of Cultural Psychology », manuscrit d'un travail à paraître, avec l'autorisation de l'auteur, 1977.

7. « Der Psychische Hermaphroditismus im Leben und in der Neurose », *Fortschritte d. Medizin*, 28, 1910, 486-493, repris dans le travail d'Ansbacher cité ci-dessus. Voir également « Hermaphrodisme et protestation virile » (*PI, op. cit.*, p. 33-39, chapitre II).

8. La meilleure étude du mythème du point de vue de la psychopathologie des profondeurs est celle de Rafael Lopez-Pedraza, *Hermès et ses enfants dans la psychothérapie*, traduction Marie-Jeanne Benmussa et Thierry Auzas, Paris, Imago, 1980, en particulier le chapitre I sur Hermaphrodite.

9. Pour une critique du recours aux oppositions en psychologie, voir mon texte *The Dream and the Underworld*, NY, Harper & Row, 1979 ; pour deux exemples de conscience en syzygie, voir mon essai « *Senex* et *Puer* », in « La Trahison et autres essais », *op. cit.*, et mon article « *Anima* (II) », p. 138-145.

10. L'élément fondamental le plus littéral chez Adler est la paire masculin/féminin, « la seule "opposition réelle" » (*TN*, p. 234) à laquelle toutes les autres peuvent se ramener. Sur le lien entre la littéralité et la question homme/femme, voir Patricia Berry, « The Dogma of Gender », dans son livre

Echo's Subtle Body, *op. cit.* Mon avis sur l'opposition masculin/féminin chez Adler est que cette syzygie représente une autre paire métaphorique fondamentale, l'âme et la part spirituelle en nous, qui ne peut pas être prise au pied de la lettre de façon empirique et concrète comme la paire masculin/féminin.

11. R. I. Huber, « Social Interest Revisited », *Character Potential*, 7, 1975, p. 69 et sqq.

12. Remarquez ici la différence entre le fait que Jung insiste souvent sur le sens comme quelque chose qu'on cherche, ou qu'on acquiert en même temps qu'on prend conscience du Soi, et l'affirmation d'Adler selon laquelle les sens sont déjà là, nous vivons au milieu d'eux. Là où la conception du sens de Jung s'avère prophétique et religieuse, celle d'Adler est interprétative et pragmatique.

12a. Cf. *Perceval le fou : autobiographie d'un schizophrène, 1830-1832*, publié par Gregory Bateson, Paris, Payot, 1975, traduction M. Manin, pour un témoignage du début du XIXe siècle émanant d'un « fou » interné qui attribue sa période de folie au fait d'avoir pris « à la lettre » le discours de la part spirituelle en lui.

13. Par exemple G. J. Mozdzierz, F. M. Machitelli et J. Lisiecki, « The Paradox in Psychotherapy : An Adlerian Perspective », *J. Indiv. Psychol.* 32/2, 1976, p. 169-184 ; *OC* 77.

14. « Junktim : association de deux complexes idéatoire et affectif, n'ayant en réalité rien de commun, dans le but d'obtenir une amplification affective (comme dans la métaphore) », *PI, op. cit.*, note p. 55, cf. *A & A*, p. 283. Le *junktim* adlérien est similaire au *complexe* jungien. Ces deux termes sont également analogues au *symptoma* grec, le fait de tomber ensemble par hasard. Jung prend le complexe d'un point de vue objectif, comme une donnée de base de la psyché qui expose les *contenus empiriques de ses affects*, et les complexes peuvent ainsi être démontrés au moyen d'expériences d'association. Pour sa part, Adler considère le *junktim* comme une *invention* délibérée destinée à *intensifier les affects*, qui ressemble beaucoup à la rhétorique de l'hyperbole et de la condensation dans les rêves et la poésie (*L*, 79 ; *A & A*, p. 360-1). Si nous combinons maintenant le *complexe* et le *junktim*, nous

Notes

pourrons peut-être comprendre nos complexes à la fois comme des faits empiriques formant le noyau de notre énergie psychique et aussi comme les métaphores de nos mythes psychiques. Reconcevoir le complexe comme une image verbale (métaphore) pose au fondement de l'esprit non plus les descriptions scientifiques mais les descriptions poétiques. Paul Kugler a commencé à ébranler le soubassement scientiste de l'empirisme jungien en réexaminant les écrits de Jung sur les associations de mots et leurs significations en termes linguistiques et d'images (*The Alchemy of Discourse*, Lewisburg, Bucknell Univ. Press). Il est curieux de constater que Jung, âgé de quatre-vingt-deux ans (Lettre au Pr. Hanhart, *Correspondance 1955-57*, Albin Michel, 1995, traduction C. Maillard, p. 178-9), a gardé en mémoire le *junktim* adlérien, bien qu'il l'utilise dans ce passage comme précurseur de son concept de synchronicité (le fait que des événements sans lien causal entre eux « tombent » ensemble, *symptoma*). Freud parle d'un « Junktim zwischen Heilen und Forschen » dans un article de sa dernière période sur *La question de l'analyse profane*. Le terme lui-même en allemand relève généralement de contextes politico-juridiques.

15. *Waking Dreams*, NY, Harper Colophon, 1977.

16. *Power in the Helping Professions*, Dallas, Spring Publications, 1979.

17. « Demeter/Persephone and Neurosis », *Spr 1975* ; « What's the Matter with Mother ? », Guild of Pastoral Psychology, brochure 1978 ; cf. « On Reduction », *Spr 1973* et « Radical Woman », conférence prononcée à l'université Notre-Dame, Conférence jungienne annuelle, 1977. Ces articles de Berry figurent maintenant dans son texte *Echo's Subtle Body*, *op. cit.*

18. « Archetypal Psychology and Education », article destiné au Premier Colloque international de psychologie archétypique, Université de Dallas, 1977.

19. Cf. *Eranos 46-1977*, *Eranos 50-1981* ; voir également *Spring 1973, 1976, 1980* ; *Gods and Games*, Cleveland, World, 1969.

20. Cf. Jung, *Dialectique du moi et de l'inconscient*, *op. cit.* p. 228-30, et mon analyse des manières erronées de

comprendre l'idée jungienne d'« intégration de l'*anima* » dans mon article « *Anima* (II) », *Spring 1974*, p. 119-24.

21. *CH*, p. 29 et 42, et *L* 9 sur l'importance des erreurs et sur l'erreur comme seul chemin nous permettant de connaître l'âme et de trouver le sens.

22. C. G. Jung, *Correspondance 1950-54*, Albin Michel, 1994, traduction C. Maillard et C. Pflieger-Maillard, p. 30-2 et 67. Sur le lien entre l'*anima* et la psyché et le problème intérieur/extérieur, voir mon article « *Anima* », *Spring 1973*, p. 119-30.

23. « Le sentiment social est peut-être le concept de la psychologie d'Adler le plus difficile à comprendre correctement. On passe à côté de son essence si on y voit une philosophie ou bien une morale. "Quand une personne me parle de morale, fit un jour remarquer Adler, je regarde si par hasard elle n'a pas la main dans ma poche." La psychologie ne se préoccupe pas [...] de faire la morale [...] son but est thérapeutique. Le sentiment social est une hypothèse fondamentale au sujet de la vie qu'une personne doit posséder si elle veut [...] préserver sa santé mentale » (*W*, 208-09).

24. Pour une interprétation psychologique détaillée des métaphores du père et de la mère d'Éros (tirées du récit de Platon dans le *Banquet* que j'ai placé en exergue de ce chapitre), voir la traduction en anglais par Sears Jayne du *Commentary on Plato's* Symposium *on Love* de Marsile Ficin, 2e édition, à paraître chez Spring Publications, VI, 7.

Table des matières

1. La fiction de l'histoire clinique
   Une visite chez Freud 7
   1. Le Freud fictif 7
   2. Théorie et intrigue 19
   3. La fiction empirique 24
   4. Les histoires en thérapie 29
   5. Genre et archétype 40
   6. Histoire de l'âme contre histoire clinique 49
   7. Jung : enfant d'Hermès ? 63
   8. Rêve, drame, Dionysos 71
   9. Le besoin d'historicité 81
   10. Le cadeau de l'histoire clinique 93

2. Le pandémonium des images
   La contribution de Jung au « Connais-toi toi-même » 99
   1. Les *daïmôns* de Jung 99
   2. L'introspection 106

- 3. L'attaque de Jaspers contre la démonologie 118
- 4. Défense de l'image ou iconoclasme ... 131
- 5. Démons et *daïmôns* 142
- 6. L'imagination active : l'art qui soigne 147
- 7. *Nachklang* 153

3. Que veut l'âme ?
   Comment Adler imagine l'infériorité 157
   - 1. Écrire l'âme 157
   - 2. Poétique de la thérapie adlérienne .. 176
   - 3. Le sens fictionnel dans la psychologie archétypique 203
   - 4. Le sens de la communauté 219

Références et abréviations 243
Notes 245

Déjà parus

Marc Augé, *Les Formes de l'oubli*
Bruce Benderson, *Sexe et Solitude*
Michel Cassé, *Théories du ciel*
Anne Cauquelin, *Petit traité du jardin ordinaire*
Claude Chabrol et François Guérif, *Comment faire un film*
Catherine Chalier, *De l'intranquillité de l'âme*
Malek Chebel, *Du désir*
Mauro Corona, *Le Vol de la martre*
A. Gnoli-F. Volpi, *Entretiens avec A. Hofmann*
James Hillman, *La Trahison* et autres essais
Gabriel Matzneff, *De la rupture*
Dominique Noguez, *Les Plaisirs de la vie*
Dominique Noguez, *Comment rater complètement sa vie en onze leçons*
Dominique Noguez, *Vingt choses qui nous rendent la vie infernale*
Jackie Pigeaud, *Poésie du corps*
Pierre Sansot, *Du bon usage de la lenteur*
Pierre Sansot, *Chemins aux vents*
Pierre Sansot, *La beauté m'insupporte*
Fernando Savater, *Pour l'éducation*
Manlio Sgalambaro, *Traité de l'âge*
Michel Surya, *De l'argent*
Chantal Thomas, *Comment supporter sa liberté*
Chantal Thomas, *Souffrir*
Shmuel Trigano, *Le Temps de l'exil*
Raoul Vaneigem, *Pour l'abolition de la société marchande*

Achevé d'imprimer par Corlet, Imprimeur, S.A. - 14110 Condé-sur-Noireau
N° d'Imprimeur : 86356 - Dépôt légal : août 2005 - *Imprimé en France*